이재명이 말하는 대한민국

이재명 어록집

이재명이 말하는 대한민국

펴낸날 | 2025년 5월 10일
엮은이 | 편집부
펴낸이 | 문경환
펴낸곳 | 도서출판 민족재단
등   록 | 2019.5.23. 제019-000004호
주   소 | 경기도 가평군 가평읍 태봉두밀로 548-13
이메일 | minjokfoundation@gmail.com
블로그 | https://blog.naver.com/mjf-press
오픈카톡방 | https://open.kakao.com/o/sdDyPKxe

가   격 | 10,000원

© 2025. 도서출판 민족재단
이 책은 저작권법의 보호를 받는 저작물이므로 저자와 출판사의 허락 없이
내용의 일부를 인용하거나 발췌하는 것을 금합니다.

ISBN 979-11-992673-0-5 (03340)

이재명이 말하는 대한민국
이재명 어록집

편집부

도민재

| 머리말 |

    정치는 시대의 거울입니다. 그리고 그 정치의 중심에는 늘 국민이 있어야 마땅합니다. 그러나 현실의 정치는 종종 국민의 뜻과 멀어졌고, 국민의 목소리는 선거철에만 반짝 소환되곤 했습니다. 이제는 바뀌어야 합니다. 더 이상 권력자와 정당, 전문가 집단만이 국정을 논하는 시대는 아닙니다. 지금 우리는 진정한 국민주권시대에 이미 들어섰습니다.

    이 책은 대선을 앞두고 국민 앞에 선 유력 대선 주자인 이재명 더불어민주당 후보의 발언을 모았습니다. 그의 언어 속에 담긴 가치와 비전, 갈등과 고뇌의 흔적은 곧 이 시대의 정치가 어떤 방향으로 흐르고 있는지를 보여주는 풍경입니다. 동시에, 그것은 우리가 어떤 미래를 선택할 수 있을지를 가늠하게 해주는 나침반이기도 합니다.

    국민이 주권을 행사하는 방식은 투표에만 그치지 않습니다. 직접 정치의 주인이 되어 정치인이 국민의 명령을 듣도록 이끄는 것 또한 주권의 중요한 실천입니다. 이 책이 그 여정의 단초가 되기를 바랍니다. 주권자인 우리가 진정한 선택을 할 수 있도록, 그리고 그 선택이 헛되지 않도록.

2025년 5월 5일

편집부

| 차례 |

1장. 총론　　　　　　6

2장. 정치·정부　　　　22

3장. 경제·산업　　　　34

4장. 노동·복지　　　　61

5장. 외교·안보　　　　76

6장. 사회·문화·환경　　89

7장. 지역　　　　　　99

1장.
총론

이제부터 진짜 대한민국!
위대한 국민과 함께 희망의 새 시대를 열겠습니다

존경하는 국민 여러분, 위대한 주권자의 힘으로 무도한 권력을 끌어내렸지만 산적한 과제들이 우리 앞을 막고 있습니다.

이번 대선은 단순히 5년 임기 대통령을 뽑는 선거가 아닙니다.

향후 5년은 대한민국의 국운國運이 걸린 '절체절명'의 시기입니다.

대통령의 내란마저 이겨내고 세계 속에 우뚝 선 위대한 나라임을 증명할지, 파괴와 퇴행의 역주행을 계속할지 결정되는 역사적 분수령입니다.

무너진 민생과 평화, 민주주의를 회복해야 합니다.

멈춰버린 경제를 다시 살려야 합니다.

국난을 온전히 극복하고 새로운 희망의 아침을 열어야 합니다.

우리 대한민국은 분단의 아픔과 전쟁의 폐허 위에 산업화의 위대한 성취를 달성했습니다.

산업화 시대의 성공방정식은 힘들지만 단순했습니다.

이미 실증된 '성공의 법칙'을 충실히 배우고 익혀, 쉼 없이 도전하고 따라잡는 것입니다.

우리 국민은 앞선 나라가 쓴 정답을 빠르게 모방하며, 죽을힘을 다해 일한 결과, 세계가 놀란 '한강의 기적'을 이뤘습니다.

효율성 높고 속도감 있는 압축 성장으로 '세계 최빈국' 대한민국은 '세계 10위 경제 대국'의 금자탑을 쌓았습니다.

하지만 이제 시대가 급변하고 있습니다.

지금껏 겪어보지 못한 변화를 예고하며, 초 과학기술의 신문명 시대가 도래하고 있습니다.

더 이상 모방할 대상이 없습니다.

우리가 따라 할 정답도 없습니다.

눈 깜빡하면 페이지가 넘어가는 '인공지능 무한경쟁' 시대가 열리고 있습니다.

답을 찾는 능력보다, 질문하는 능력이 더 중요해 졌습니다.

'양적 성장'에만 매달리던 '기능 중심 사회'의 한계에서 벗어나야 합니다.

어떤 삶이 행복한 삶인지를 고심하며 '질적 성장'을 추구하는 '가치 중심 사회'로 변화해야 합니다.

먹사니즘의 토대 위에 '잘사니즘'의 비전을 제시했던 이유도 다르지 않습니다.

스스로의 눈으로 세계를 읽어내는 힘을 길러야 하고, 스스로의 선택으로 판을 주도할 수 있어야 합니다.

한 걸음이라도 뒤처지면 도태 위험에 노출된 추격자가 되지만, 반 걸음이라도 앞서면 무한한 기회를 누리는 선도자가 됩니다.

'모방한 기술'로 이룩한 우리의 정치, 경제, 사회, 문화 시스템을 '주도적인 기술'로 전환해 나갑시다.

어떤 사상, 이념도 시대의 변화를 막지 못합니다.

현실에 발을 딛고 이상을 향해 팔을 뻗는 주도적이고 진취적인 실용주의가 미래를 결정할 것입니다.

트럼프 2기 체제로 '자국우선주의 세계대전'이 시작됐습니다.

우리 안의 이념과 진영 대결은 우리가 맞닥뜨릴 거대한 생존 문제 앞에서는 모두 사소한 일일 뿐입니다.

먹사니즘의 토대 위에 한계를 뛰어넘어 신세계를 설계하는 '잘사니즘', 변화 적응을 넘어 그 변화를 주도하는 영향력이 곧 글로벌 경쟁력입니다.

이번 대선을, 대한민국이 새 희망의 미래를 여는 레벨업(Level-up)의 전기로 만들겠습니다.

70년의 위대한 성취를 넘어, 대한민국이 세계를 주도하는 시대를 개척하겠습니다.

이것이 바로 'K-이니셔티브'의 비전입니다.

국민 여러분, 저는 여러분께 낭만이나 희망 고문을 말씀드리는 것이 아닙니다.

냉혹한 글로벌 전장(戰場)에서 생존하기 위해, 이제 '모방'에서 '주도'로 패러다임을 전환하자는 절박한 호소 말씀을 드리는 것입니다.

물가는 치솟고, 실업과 폐업이 늘어갑니다.

소득은 줄고, 주가는 폭락 합니다.

전국 곳곳 어딜 가나 못 살겠다는 신음이 넘쳐납니다.

우리 사회 모든 것을 지탱하던 민주주의가 윤석열 정부 3년 만에 최악의 위기를 맞았습니다.

피땀으로 만들고 지켜온 자유와 인권의 가치가 위협받았습니다.

평화와 안보마저 정쟁과 권력 유지 수단으로 전락했고, 그 피해는 오롯이 우리 국민이 감당하고 있습니다.

그러나 여러분, 위기는 언제나 기회와 동행합니다.

이 땅의 반만년 역사는 무능하고 부패한 기득권이 만든 위기에, 평범한 민초들이 맞서 도전하고 이겨온 서사입니다.

지독한 굶주림에 시달린 적도 있습니다.

독재권력의 군홧발에 억눌린 적도 있습니다.

그러나 후손들에게 '더 나은 세상을 물려주겠다'라는 희망은 단 한 번도 포기한 적이 없습니다.

외세의 침략에 맞서 싸워 해방의 빛을 찾았고, 분단과 전쟁의 비극 속에서도 산업화를 일궈냈으며, 군사독재정권의 총칼을 뿌리치고 민주화를 쟁취했습니다.

최대 국난이라던 IMF 위기조차 지혜롭고 용기 있는 우리 국민에게는 경제개혁의 기회였습니다.

복지국가의 초석을 다졌고 IT강국의 기틀을 만들었습니다.

촛불혁명에 이어 빛의 혁명까지, 세계사에 남을 아름다운 평화혁명으로 K-민주주의는 세계적 모범이 되었습니다.

식민지배의 고난 속에서도 선대들은 문화강국의 꿈을 키웠고, 그 간절한 소망은 세계인의 마음을 사로잡은

'K-콘텐츠 전성시대'의 산파가 되었습니다.

지금 우리 국민은 그 어느 때보다 뜨거운 열망으로 뭉쳐 있습니다.

새 길을 내기 위해 익숙한 옛길을 과감히 폐쇄할 준비가 돼 있습니다.

내란 종식은 우리가 이룰 위대한 성취의 첫걸음에 불과합니다.

위대한 대(大)한국민의 유전자에 각인된 '위기 극복 DNA'는 더 나은 나라를 만들 무한한 열정, 담대한 용기로 발현될 것입니다.

산업화와 민주화를 동시에 이룬 기적의 나라 대한민국은 약육강식의 세계질서와 격랑의 인공지능 첨단과학 시대조차 극복하며 '세계의

표준'으로 우뚝 설 것입니다.

존경하는 국민 여러분, '이제부터 진짜 대한민국'이 시작됩니다.
   전략적 눈높이로 세계정세에 대응하며 변화에 가장 기민하게 대처하는 외교 강국, 양적 성장을 넘어 질적 성장을 주도하고 첨단 산업을 선도하는 경제 강국, 충돌하는 이해와 갈등을 조정하며 '사회적 대타협'으로 함께 사는 공동체를 만드는 민주주의 강국, K-민주주의와 K-컬쳐 콘텐츠, K-과학기술과 K-브랜드까지 세계문명을 선도하는 소프트파워 강국, 이제 대한민국은 세계가 주목하는 '퍼스트 무버'로 거듭날 것입니다.
   대한민국의 대大한국민은 이미 준비를 마쳤습니다.
   위기를 기회로 만들며 없는 길을 만들어 걸어온 저 이재명이 위대한 국민의 훌륭한 도구로서 위기 극복과 재도약의 길을 열겠습니다.
   'K-이니셔티브'의 새 시대를 열겠습니다.
   이제부터 진짜 대한민국!입니다.
   지금은 이재명!입니다.
   고맙습니다.

2025년 4월 11일

더불어민주당 대통령 후보 수락 연설

존경하는 국민 여러분, 사랑하는 더불어민주당 당원동지 여러분!

20년 민주당원 이재명이, 민주당의 제21대 대한민국 대통령 후보라는 막중한 임무를 부여받았습니다.

더불어민주당과 국민들께서는 저 이재명에게, 압도적 정권탈환을 통해, 내란과 퇴행의 구시대를 청산하고, 국민주권과 희망의 새로운 시대를 열어가라고 명령하셨습니다.

모든 것들이 무너지는, 불안과 절망, 고통 속에서도 한 가닥 희망을 안고 89.77%라는 역사에 없는 압도적 지지로 저를 대통령 후보로 선출해 주신 것은 민주주의와 인권, 평화와 안전, 그리고 회복과 성장, 통합과 행복을 실현하라는 간절한 소망 아니겠습니까.

2004년 3월 28일 오후 5시 성남시청 앞 주민교회 지하 기도실에서 눈물을 흘리면서 결심했습니다.

성남시민들이 그토록 바랐지만, 부정한 기득권자들이 좌절시킨 시립 공공병원의 꿈을 성남시장이 되어서라도 반드시 이뤄보겠다고 시장출마를, 정치를 하기로 결심했습니다, 여러분.

주권자가 맡긴 권력으로 주권자의 의지를 꺾고, 국민의 혈세로 국민을 공격하는 반정치, 반민주주의를 내 손으로 극복하고 싶었습니다.

국민의 주권의지가 일상적으로 관철되는 정상적인 지방자치, 진정한 민주공화국을 꼭 만들고 싶었습니다.

시립병원 설립운동 10여 년이 지나서 마침내 제가 성남시장이 돼서 시립의료원을 제 손으로 설립했습니다.

시민들과 함께 시민이 주인인 성남, 시민이 행복한 성남시를 함께 만들어냈습니다, 여러분.

짧은 시간이었지만 경기도민의 부름을 받아 경기도를 바꿔냈습니다.

민주당원 여러분들의 소망을 따라서 당원중심의 진짜 민주당, 유능하고 이기는 민주당을 만들지 않았습니까?

이제 국민과 당원 동지들께서 정권탈환을 통해, 새로운 나라, 진짜 대한민국을 만들 기회를 주셨습니다.

감사드립니다.

그 간절하고 엄중한 명령을 겸허하게 받들겠습니다.

반드시 승리하고 정권을 탈환하겠습니다.

완전히 새로운 나라, 희망과 열정 넘치는 진짜 대한민국을 만들어서 보답하겠습니다.

3년 전 어느 날, 이 나라의 운명이 걸린 건곤일척의 승부에서 우리는 졌습니다.

모두 저의 부족함 때문입니다.

미세한 차이로 승리했지만, 모든 것을 차지한 저들은 교만과 사욕으로 나라를 망치고, 우리 국민을 고통 속으로 몰아넣었습니다.

그들은 심지어 민주공화정을 부정하고, 군정을 통해 영구집권하겠다는 친위군사쿠데타까지 저질렀습니다.

애국가 가사처럼, 하느님이 보우하사 우리 국민의 저력으로 막아내고 있지만, 지금도 내란과 퇴행, 파괴 시도는 계속되고 있습니다.

패배 자체도 아팠지만, 패배 그 이후는 더 아팠습니다.

그 뼈아픈 패배의 책임자, 저 이재명을 여러분이 다시 일으켜 세워주셨습니다.

국민여러분, 당원동지여러분, 미안합니다.

죄송하고 또 죄송합니다.

얼마나 괴로우셨습니까.

그간 얼마나 간절하셨습니까.

당원과 지지자, 국민의 하나 된 마음 앞에 절박함을 넘어 비장함까지 느껴집니다.

가늠조차 어려운 무거운 책임감에 절로 고개가 숙여집니다.

패배를 딛고 반드시 승리하라!

내란을 극복하고 민주주의를 회복하라!

민생을 회복하고 경제를 살려내라!

국민을 통합하고 세계로 나아가라!

250만 당원 동지 여러분과 민주당을 지지하는 수천만 국민이 한 마음, 한 뜻으로 내린 지상명령.

맞습니까, 여러분?

이것이 여러분의 뜻이라면 한 번 함께 외쳐 보시겠습니까?

제가 말하면 함께해 주십시오.

내란을 극복하고 민주주의를 회복하자.

민생을 회복하고 경제를 살려내자.

국민을 통합하고 세계로 나아가자.

패배를 딛고 반드시 승리하자.

패배를 털고 반드시 승리하자!

감사합니다. 동지 여러분.

23년 전 오늘은, 노무현 대통령이 민주당 대선 후보로 선출된 날입니다.

'새 시대의 맏형'이 되고자 했던 노무현 후보는 "불신과 분열의 시대를 끝내고 개혁의 시대, 통합의 시대로 가자" 당당히 선언했습니다.

2002년 4월 27일이 그랬던 것처럼, 2025년 4월 27일도 새로운 시대의 서막이 될 것입니다.

음침한 내란의 어둠을 걷어내고, 희망세상의 새벽이 열린 날로, 군림하는 지배자, 통치자의 시대를 끝내고 진정한 주권자의 나라, 진짜 대한민국이 시작된 날로 기록될 것입니다.

후손들은 오늘을 기억하며, 어떤 고난도 기회로 만들 수 있다는 용기, 내일은 오늘보다 더 낫다는 희망을 품게 될 것입니다.

그 위대한 새출발의 역사, 개벽 같은 변화의 주인공으로 함께 하시겠습니까?

국민이 이 나라의 주인임을 행동으로 실천으로 증명해 주시겠습니까?

어려운 일이라는 것 잘 압니다.

그러나 반드시 해야 하고, 우리는 할 수 있습니다.

맨몸으로 총칼과 장갑차를 막아낸 위대한 국민들이 있기에!

꺼지지 않는 오색의 찬란한 빛으로, 세계 민주주의 역사에 획을 그은 우리 위대한 국민들이 있기 때문에 우리는 할 수 있습니다!

우리는 해낼 수 있습니다! 맞습니까?

바로 여기, 함께 하는 동지들이 있기 때문에, 지금의 역경을 극복하고 진짜 대한민국, 만들 수 있다. 맞습니까?

끝까지 아름다운 경쟁을 함께 펼쳐주신 김경수 후보님, 김동연 후보님, 고생 많으셨습니다.

박수 한 번 부탁드립니다.

모두 우리 당의 귀한 자산이자 든든한 동지들입니다.

우리 두 후보님께 뜨거운 격려의 박수를 부탁드립니다.

이제부터 김동연의 비전이 이재명의 비전입니다.

이제부터 김경수의 꿈이 이재명의 꿈입니다.

더욱 단단한 민주당이 되어 '원팀'으로 반드시 승리하겠다는 약속을 드립니다!

자랑스러운 우리 민주당원과 지지자들은 언제나 가장 현명하고 과감한 선택으로 대한민국의 미래를 제시해 왔습니다.

IMF 위기 속 김대중 대통령을 선택해서 국난을 극복하고, IT 강국과 문화강국의 초석을 다졌습니다.

노무현 대통령을 선택해서 지역주의와 권위주의 타파의 새 길을 걸었습니다.

문재인 대통령을 선택해서 촛불혁명을 계승하고, 한반도 평화의 새 지평을 열었습니다.

늘 현명했던 그 선택의 한 축에 이재명 '네 번째 민주 정부'가 뚜렷이 새겨질 수 있도록 반드시 승리하겠습니다.

지금 이 순간부터, 이재명은 민주당의 후보이자 내란 종식과 위기극복, 통합과 국민행복을 갈망하는 모든 국민의 후보입니다.

더 낮은 자세로 정치의 사명이자 대통령의 제1 과제인 국민통합의 책임을 확실하게 완수하겠습니다.

현직 대통령의 어처구니없는 친위군사쿠데타는 대화와 타협을 배제하고, 상대를 말살하고, 군정으로 영구집권을 하겠다는 저열한 욕망에서 비롯됐습니다.

공존과 소통의 가치를 복원하고, 대화와 타협의 문화를 되살리는 것이 내란이 파괴한 민주주의를 복원하는 지름길이다, 이렇게 믿습니다.

새로운 성장동력을 만들어, 성장의 기회와 그 결과를 고루 나누는 것이 양극화를 완화하고 함께 잘 사는 세상으로 나아가는 원동력 아니겠습니까.

민주주의 복원이 바로 국민 통합의 길입니다.

성장 회복이 국민 통합의 길입니다.

격차 완화가 바로 국민 통합의 길입니다.

불평등과 절망, 갈등과 대결로 얼룩진 이 구시대의 문을 닫아버리고, 국민 대통합으로 희망과 사랑이 넘치는 국민행복 시대를 새롭게 활짝 열어젖히겠습니다.

새로운 세상을 위해 이재명 개인의 승리가 아니라 우리 국민 모두의 승리를 만들겠습니다.

동지 여러분, 이 새로운 희망의 길에 함께해 주시겠습니까?

존경하는 국민 여러분, 이번 대선은 대한민국이 국민통합을 통해 세계를 선도하는 나라로 우뚝 설 것인지, 파괴적인 역주행을 계속해서 세계의 변방으로 추락할지가 결정되는 역사적 분수령입니다.

민주당과 국민의힘의 대결이 아니라, 미래와 과거의 대결입니다.

도약과 퇴행의 대결입니다.

희망과 절망의 대결이자 통합과 분열의 대결입니다.

감당하기 어려운 복합 위기가 우리 앞에 몰아치고 있습니다.

지난 3년간 국민경제는 벼랑 끝으로 내몰렸습니다.

물가는 치솟고, 실업과 폐업이 늘었습니다.

소득은 줄고, 주가는 폭락했습니다.

전국 곳곳 어딜 가나 우리 국민들의 신음소리가 넘쳐납니다.

우리 사회를 지탱하던 민주주의, 우리 국민이 피땀으로 지켜낸 자유와 인권의 가치는 3년 만에 최악의 위기를 맞고 말았습니다.

평화와 안보마저 정쟁과 권력 유지 수단으로 전락했습니다.

그리고 그 피해는 오롯이 우리 국민들의 몫이 되고 말았습니다.

지친 국민의 삶을 구하고, 민주주의와 평화를 복원하는 일, 성장을 회복하고 무너진 국격을 바로 세우는 일에는 아마도 짐작조차 힘들 엄청난 땀과 눈물이 필요할 것입니다.

더이상 과거에 얽매여서, 이념과 사상, 진영에 얽매여서, 분열과 갈등을 반복할 시간이 없습니다.

더 큰 퇴행과 역주행으로 30년, 50년 후의 국가 미래를 망칠 그런 여유도 없습니다.

트럼프 2기가 불러올 약육강식의 무한대결 세계질서, AI 중심의 초과학기술 신문명시대 앞에서 우리 안의 이념이나 감정 이런 것들은 정말 사소하고도 구차한 일 아닙니까?

어떤 사상과 이념도 시대의 변화를 막을 수는 없습니다.

어떤 사상과 이념도 우리 국민의 삶과 국가의 운명 앞에서는 무의미한 것입니다.

지금의 대한민국을 만든 '모방의 능력'을 넘어서서 이제는 주도하는 역량을 키워야 합니다.

한 걸음만 뒤처져도 추락 위험에 빠질 추격자 신세가 되지만, 우리가 반걸음만 앞서도 무한한 기회를 누리는 선도자가 되는 것입니다.

통찰력과 결단력, 실천력으로 우리 앞의 거대한 위기를 기회로 바꿔서 반걸음 앞서 진짜 대한민국을 만들 사람 누구입니까, 여러분? 그렇게 믿어주시니 감사드립니다.

지금의 이 혼란과 절망을 넘어 대한민국 재도약을 이뤄낼 사람, 지배자나 통치자가 아니라, 위대한 국민의 훌륭한 도구가 될, 일꾼이 될 준비된 대통령 후보라고 자부합니다.

더 나은 나라를 꿈꾸는 우리 국민들의 열망을 하나로 모아서 위기를 이겨내고 새로운 길로 나아갑시다.

먹사니즘의 물질적 토대 위에 잘사니즘으로 세계를 주도하는 '진짜 대한민국'으로 도약합시다.

국민 여러분, 우리는 깊은 절망만큼이나 새로운 희망을 간절하게 꿈꿉니다.

우리 국민은 어느 때보다 새로운 세상에 대한 강한 열정으로 단단하게 뭉쳐 있습니다.

지금의 이 국난을 극복하고 세계를 선도하는 나라를 만들면, 대한민국이 어떤 세상이 될지 한 번 상상해 보십시오.

전 세계의 AI 인재들이 일자리를 찾으러 몰려오는 첨단 산업 강국.

대한민국 방방곡곡이 골고루 발전하고 농촌, 산촌, 어촌으로 사람들이 되돌아오는 균형발전 국가.

최첨단 장비와 무기로 무장한 최고의 장병들이 자부심을 가지고 조국 수호에 전념하는 든든한 안보 강국.

세계인을 울고 웃기며 콘텐츠의 세계 표준을 다시 쓸 문화 강국.

충돌하는 이해와 감정 갈등을 합리적으로 조정하고, 더 나은 대안을 만들어가는 세계적인 모범적 민주국가.

아이들의 웃음, 청년의 푸름, 장년의 책임, 노년의 경험과 지혜가 어우러진 통합과 조화의 '잘사니즘' 행복국가.

집에서, 일터에서, 학교에서, 거리에서, 해지는 석양빛의 퇴근길 골목에서도 보람의 미소가 퍼지는 품격 있는 나라.

이런 나라, 이런 나라 만들고 이런 나라에서 살고 싶지 않으십니까?

신문명 시대에 세계의 표준으로 거듭날 나라, 평범한 국민들이 주인으로 살아가는, 작지만 큰 대한의 민국.

함께 만들어 보지 않으시겠습니까?

존경하는 국민 여러분, "위기는 기회다" 늘 말씀드렸지만 제 삶을 돌이켜보면 언제나 기회보다 위기가 많았던 삶이었습니다.

단 한 번의 순탄한 과정도, 단 한 번의 쉬운 싸움도 없었습니다.

그러나 어려울 때마다 우리 당원동지들께서, 국민들께서 상처투성이로 쓰러지던 저 이재명을 일으켜 주셨습니다. 감사합니다.

오뚝이 같은 이 땅의 반만년 역사도 마찬가지입니다.

무능하고 부패한 기득권이 무너뜨리면 평범한 민초들이 다시 일으켜 세우지 않았습니까.

다가오는 6월 3일에 우리 국민들은 그 위대한 대서사시의 새 장을 써내려 가게 될 것이다. 맞습니까, 여러분?

우리가 함께하면, 무질서와 분노, 상처와 절망은 사라지고 새로운 희망이 피어날 것입니다.

우리가 함께 손잡으면, 불의와 거짓, 분열은 멈추고 정의와 통합의 강물이 흘러넘칠 것입니다.

온 국민이 힘을 모아 함께 나아가면, 추락하던 이 나라는 광대한 세계로 날개 치며 솟구쳐 오를 것입니다, 여러분.

산이 높으면 계곡이 깊고 음지마다 양지가 있는 것처럼, 하나의 문이 닫히면 또 다른 문이 열리는 법입니다.

위기의 어딘가에는 기회의 문이 숨겨져 있습니다.

내란의 아픔을 이겨내고, 다시 꿈과 희망이 넘치는 진짜 대한민국으로 나아 갈 준비, 여러분은 되셨습니까?

연대와 상생, 배려로 국민의 에너지를 모두 모아서 새로운 민주공화국을 열어젖힐 준비도 되셨습니까?

극한의 절망과 환란 속에서조차 빛을 찾아 희망을 만들어온 위대한 우리 국민을 저는 믿습니다.

함께 손잡고 빛의 혁명을 반드시 완수합시다, 여러분!

'대한민국'이라는 국호 그대로 이 땅 위 모든 사람이 주인으로 공평하게 살아가는 '진짜 대한민국'으로 나아갑시다.

저 이재명은 지금부터 여러분이 지어주신 희망의 새 이름입니다.

여러분이 다시 살려주신 기회의 새 이름입니다.

세계를 선도하는 '진짜 대한민국'을 만들, 국민의 유용한 도구이자 충직한 대표 일꾼의 이름입니다, 여러분!

진짜 대한민국, 오늘부터 그 역사적인 발걸음을 함께 시작합시다.

그 위대한 항로의 중심에 저 이재명이 함께 서있겠습니다.

그래서, 그렇기 때문에 지금은 이재명입니다!

위대한 국민과 함께여서, 역사의 순간을 여러분과 함께 해서 자랑스럽습니다.

민주당의 명령, 국민의 명령을 받아 반드시 승리하겠습니다.

국민의 염원, 당원의 소망을 따라 새로운 대한민국 꼭 만들겠습니다.

국민 여러분, 고맙습니다!

당원 동지 여러분, 여러분을 믿습니다!

2025년 4월 27일

2장.
정치·정부

프란치스코 교황님이 투병 끝에 선종하셨습니다.

소식을 듣고 잠시 일손이 멎었습니다.

깊은 애도의 마음을 전합니다. 하느님 곁에서 영원한 안식을 누리시길 기도드립니다.

교황님은 그리스도의 정신을 몸소 실천했습니다.

가톨릭교회는 물론, 전 세계에 큰 가르침을 주셨습니다.

프란치스코 교황께서 한반도 평화를 기원하며 보여주신 관심을 기억합니다.

세월호 참사 유가족에게 세례 주시며 슬픔을 위무하시던 모습도 잊을 수 없습니다.

선종 전날 성 베드로 광장에서 부활절을 축하하며 남기신 말씀도 "전쟁을 끝내라"는 메시지였습니다.

세상은 여전히 전쟁과 갈등, 불평등과 빈곤으로 신음하고 있지만, 교황님은 더 나은 세상에 대한 믿음을 버리지 않았습니다. 희망을 주셨습니다.

"정치는 공동선을 위한 가장 높은 형태의 자선입니다. 정치는 사람들에게 봉사하는 것"이라던 교황님의 말씀을 가슴에 되새깁니다.

사회적 약자와 가난한 이들을 위해 더 많은 정치인들을 허락해 달라던 교황님의 호소를 제 삶으로 실천하겠습니다.

어둠 속에서도 빛을 찾고, 절망 가운데 희망을 심는 일은 오늘을 살아가는 우리 모두의 소명입니다.

교황님, 평안히 쉬소서.

2025년 4월 21일

어록

대한민국이 다른 나라의 정부 수립 단계와 달라서 당시 친일 청산을 못하고 친일 세력들이 미 점령군과 합작해서 지배체제를 그대로 유지했다.

-2021.7.1. 안동 이육사 기념관에서

승전국인 미국 군대는 패전국인 일제의 무장해제와 그 지배 영역을 군사적으로 통제하였으므로 '점령군'이 맞다.

-2021.7.3. 페이스북에서

(외국인 건강보험료 논란 관련) 외국인 혐오 조장으로 득표하는 극우 포퓰리즘은 나라와 국민에 유해하다. 나치의 말로를 보시라. 혐오와 증오를 부추기고 갈등과 분열을 조장하는 것은 구태 여의도 정치.

-2022.2.1. 페이스북에서

이게 180석 얘기 자주 하지 않습니까? 정말로 필요한 민생에 관한 것 있지 않습니까? 이런 건 과감하게 날치기 해줘야 됩니다.

-2021.7.15. TBS '김어준의 뉴스공장'에서

(박근혜가 당선된 18대 대선을 두고) 지난 대선은 3.15 부정선거를 능가하는 부정선거였습니다. 국가기관의 대대적 선거개입에 개표부정까지… 투표소 수개표로 개표부정을 원천차단해야 합니다. 많은 국민이 전산개표 부정 의심을 하고 있고 그 의심을 정당화할 근거들이 드러나고 있습니다.

-2017.1.7. 페이스북에서

(박근혜 대통령 탄핵심판 기각 가능성과 관련하여) 국가기관의 결정을 따라야 한다고 하는 승복 논란은 실망스럽다. 저는 동의하지 않는다.

-2017.2.24. 시민사회단체연대회의 간담회에서

PD가 사칭을 했는데, 옆에서 인터뷰 중이었다는 이유로 제가 도와줬다는 누명을 썼습니다. 이 사회의 부정부패를 감시하기 위해 열심히 노력했습니다. 그리고 보복당했다고 생각합니다.

-2018.5.29. KBS 초청 경기도지사 후보 TV 토론회에서

권한을 가진 사람들이 부동산을 많이 보유해 부동산 정책에서 자신의 이익을 극대화하기 위해 가격 상승을 부추기고 있다. 고위공직자들은 필수 부동산 외에는 주식처럼 백지신탁제도를 도입해 다 팔든지, 아니면 위탁해서 강제매각하든지 하는 제도를 만들겠다.

-2021.10.29. '성남 제1공단 근린공원' 조성 현장에서

(검사 사칭 전과에 대해) 주인의 일을 대신하기 위해서 열심히 일하다 찢긴 상처다. 머슴이 일 잘하면 되지, 우아한 머슴 뽑으세요?

-2021.11.12. 울산지역 청년들과의 대담에서

모든 고위 관직을 시험으로 뽑는 건 문제가 있긴 한데, 그렇다고 행정고시를 없애버리는 건 옛날에 과거시험 없애버리는 것과 비슷한데, 과연 바람직한지 공감이 안되더라.

-2021.12.5. 유튜브 채널 '이재명TV'에서

(불체포특권, 면책특권 폐지에 대한 질문에) 100% 찬성하고요. 국민의힘이 당론으로 정해서 추진하라니까요. 저희 100% 찬성할 테니까요.

-2022.5.19. KBS '주진우 라이브'에서

어떤 합리적 소명도 검찰의 결정을 되돌릴 수는 없을 것이고, 검찰은 이미 결정한 기소를 합리화하기 위해 진실을 숨기고, 사실을 왜곡하며, 저의 진술을 비틀고 거두절미하여 사건 조작에 악용할 것입니다.

-2023.1.28. 검찰에 제출한 대장동·위례신도시 사건 진술서에서

(이승만 대통령 관련 기사를 공유하며) 서울사수 거짓방송하고 한강철교 폭파후 대구까지 도망갔다가 대전으로 돌아온… 한마디로 쓰레기 같은 인간.

-2015.10.13. 트위터에서

반기문 대선출마? 박근혜 이은 친일독재부패세력의 꼭두각시는 국민심판 받을 것.

-2016.12.21. 페이스북에서

대구·경북이 대리인들을 일꾼이 아닌 지배자로 여기면서 지배당한 측면이 있어 아쉽다. 정치인들은 무서운 주인에겐 잘하는데 맹목적으로 지지하는 주인은 무시한다.

　　　　　　　　　　-2021.7.30. 대구 지역 기자간담회에서

증오를 이용해서, 갈등을 이용해서, 분열을 이용해서 정치적 이익을 획득하는 이런 행위, 이걸 극우 포퓰리즘이라 그럽니다 여러분. 나라 망치면서 자신의 정치적 이익을 획득하려는 이런 정치 행태는 완전히 쓸어버려야 합니다 여러분. 빗자루로, 빗자루로.

　　　　　　　　　-2022.2.18. 광주 동구 5.18 민주광장에서

국민들은 뭔가 든든한 아버지 같은 국가, 정부를 기대하지만, 지금의 국가와 정부는 회초리를 든 무서운 의붓아버지 같은 모습.

　　　　　-2023.9.6. 유튜브 채널 '김어준의 겸손은힘들다 뉴스공장'에서

(정부가) 매만 때리고 사랑은 없고 계모 같다. 팥쥐 엄마 같다.

　　　　　　　　　　　-2024.3.26. 유튜브 채널 '이재명TV'에서

정치인에 대한 비판은 표현의 자유.

　　　　　　　　　　　-2024.3.16. 하남시 신장시장에서

제가 아마도 12월 3일 내란의 밤이 계속됐더라면 연평도 가는 그 깊은 바닷속 어딘가쯤에서 꽃게밥이 아마 되고 있었을 것 같습니다. 살아있어서 행복합니다.

-2025.3.1. 안국역 앞에서

무뇌정당 자유한국당, 정신 차리시오. 기자회견으로 공개한 4자간 공식협약대로 투명하게 이행된 성남FC(시민프로축구단) 공식후원을 가지고 자유한국당이 자금세탁이라 우기며 후원기업과 저를 고발했습니다. 몰락을 피하기 위해 무뇌정당 자유한국당이 하는 발버둥질에 측은함마저 느낍니다.

-2018.1.14. 페이스북에서

공수처를 두려워하는 세력은 온종일 '무.공.반(무조건 공수처 반대)'만 외치며 민생을 외면하고 기득권에 목매는 국민의힘입니다. 규칙을 지키고 부정부패를 저지르지 않는다면 공수처를 두려워할 이유가 없습니다. 사법적폐를 청산하고 예측가능한 합리적 사회를 만들기 위해서는 공수처가 신속하게 설치되어야 합니다.

-2020.12.4. 페이스북에서

신천지는 조금 무서운 조직이다. 경선에 개입해서 확 결과를 바꿔버릴 만큼 엄청난 조직.

-2022.2.23. 당진 유세 현장에서

위성정당이라는 아주 기상천외한 편법으로 여야가 힘들게 합의한 대의민주주의 체제가 실제로 한번 작동도 못해보고 다시 후퇴해 버린 것 같습니다. 국민들의 주권 의지가 제대로 정치에 반영될 수 있도록 위성정당을 불가능하게 만드는 조치들이 필요하지 않겠냐는 생각을 합니다.

-2021.12.9. 정당혁신추진위원회 출범식에서

누군가는 정치보복을 끊어야 하고, 기회가 되면 당연히 내 단계에서 끊겠다.

-2024.11.28. 이석연 전 법제처장과의 미팅에서

선거는 승부인데 이상적인 주장을 멋있게 하면 무슨 소용있겠냐.

-2023.11.28. 유튜브 채널 '이재명TV'에서

(정치 보복을 하지 않겠다는 윤석열을 겨냥해) 세상에 어떤 대통령 후보가 정치 보복을 공언하느냐, 하고 싶어도 꼭 숨겨놓았다가 나중에 몰래 하지.
                                    -2022.2.27. 울산 유세 현장에서

고학력, 고소득자들, 소위 부자라고 불리는 분들이 우리 지지자들이 더 많습니다. 저학력에 저소득층이 국힘 지지가 많아요. 안타까운 현실인데.
                                    -2022.7.29. 유튜브 '이재명TV'에서

준연동제는 불완전하지만 소중한 한걸음.
         -2024.2.5. 광주 국립5·18민주묘지를 참배 후 기자회견에서

지난 촛불 혁명 때 우리 국민들이 정말 그 한겨울에 아이들 손잡고 힘겹게 싸워서 박근혜 정권을 끌어내렸는데 결과가 뭐냐? 그 후에 나의 삶은 뭐가 바뀌었냐? 이 사회는 얼마나 변했나? 그 생각을 한다는 거예요.

　　　　　-2025.2.7. 다함께 만드는 세상 '모두의질문Q' 출범식 격려사

우리가 진보 정권이 아니에요… 우리는 사실은 중도 보수 정도의 포지션을 실제로 갖고 있고, 진보 진영은 새롭게 구축돼야 되고요…

　　　　　　　　　　-2025.2.18. 유튜브 '새날'에서

청해진 명의로 등록된 세월호의 실제 소유자는 누구일까? 나는 여전히 세월호가 국정원 소유임을 확신하며 '양우공제회'의 존재로 그 확신이 더 커졌다.

　　　　　　　　　　-2014.12.28. 페이스북에서

대통령의 제1 의무는 국민의 생명일 지키는 것이니 세월호 침몰시 구조책임자는 대통령입니다. 납득이 어려운 '딴 짓'을 하면서 직무를 유기했을 가능성이 높고 업무상과실치사죄에도 해당될 수 있습니다. 제2의 '광주사태'인 세월호 참사의 진상과 책임을 가리는 것이 민주공화국의 출발입니다.

　　　　　　　　　　-2016.11.13. 페이스북에서

변호사 두 분이 허위사실 유포자와 일베충 소탕을 해주기로 했습니다. 대한민국의 심각한 문제 하나가 허위사실 유포입니다. 공정하게 법 집행을 했다면 지금처럼 되지는 않았겠지만 그렇지 못하니 저라도 직접 나설 수밖에.. 댓글 게시판 카톡 SNS 등을 이용해 저를 패륜, 불륜, 종북 등으로 음해하는 자들을 모두 찾아내 형사고소는 물론 손해배상 소송으로 책임을 묻겠습니다.

-2016.2.16. 페이스북에서

제가 문제 된 게 종북, 패륜, 불륜, 전과, 이것이지 않습니까. 제 주변에서 일어난 각종 음해 사건에는 국정원이 뒤에 있습니다. 2012년 당시 통진당 수사 때 생긴 일로, 국정원의 김 과장이라는 직원이 형님을 수차례 만났고 형님과 국정원을 들락거렸다. 제가 간첩이어서 구속된다고 국정원이 사주해, 형님이 확신을 가지고 퇴진운동을 하려 했다.

-2016.12.5. 오마이티브이 팟캐스트 '장윤선·박정호의 팟짱'에서

3장.
경제·산업

압도적 초격차·초기술로
세계 1등 반도체 국가를 만들겠습니다

2024년 우리나라 반도체 수출액은 204조 원(1,419억 달러)으로 전체 수출액(983조 원)의 20%를 차지했습니다.

그러나 지금, 대한민국 경제성장의 핵심 엔진이던 반도체가 위기를 맞고 있습니다.

글로벌 공급망 리스크에 치열해진 AI 반도체 경쟁까지 더해져 이중, 삼중의 위기에 포위된 것입니다.

오늘날 글로벌 경제 패권은 바로, 누가 반도체를 지배하느냐에 달려 있습니다.

우리에게 '반도체를 지킨다'는 말은 '우리 미래를 지킨다'는 의미입니다.

반도체 특별법을 신속하게 제정하겠습니다.

미국과 일본, EU가 서로 경쟁적으로 반도체 지원정책을 발표하고 있습니다.

반도체 경쟁력을 확대하기 위해서는 국가 차원의 지원과 투자가 필수적입니다.

하지만 우리 반도체 특별법은 정부 여당의 몽니로 국회를 통과하지 못했습니다.

반도체 특별법 제정으로 기업들이 반도체 개발·생산에 주력할 수 있게 하겠습니다.

반도체에 대한 세제 혜택을 넓히겠습니다.

반도체는 대표적인 자본집약적 산업입니다.

막대한 투자비용이 들뿐 아니라 일단 격차가 생기면 따라잡기 어렵습니다.

정부가 길을 내서 기업들이 잘 달릴 수 있게 만들어야 합니다.

국내에서 생산·판매되는 반도체에는 최대 10% 생산세액공제를 적용해 반도체 기업에 힘을 실어주겠습니다.

또한 반도체 기업의 국내 유턴을 지원해 공급망 생태계도 강화하겠습니다.

반도체 RE100 인프라를 구축하고 용인 반도체 클러스터를 신속하게 조성하겠습니다.

작년 미국 에너지경제·재무분석 연구소는 우리나라의 재생에너지 부족이 반도체 경쟁력을 훼손할 것이라고 경고했습니다.

2030년까지 서해안 에너지고속도로를 완공해 반도체 기업들의 RE100 달성을 지원하겠습니다.

용인 반도체 클러스터도 조성을 서둘러 세계에 자랑할 수 있는 스마트 그린 반도체단지를 만들겠습니다.

반도체 R&D와 인재 양성을 전폭적으로 지원해 압도적 초격차 기술을 확보하겠습니다.

우리나라가 우위를 점하고 있는 메모리 반도체 외에도 시스템반도체와 파운드리 경쟁력 제고를 위해 R&D 지원 및 반도체 대학원 등 고급 인력 양성 인프라를 조기에 구축하겠습니다.

반도체의 전설로 꼽히는 앤디 그로브는 "위기가 닥쳤을 때 나쁜 기업은 망하고, 좋은 기업은 살아남지만, 위대한 기업은 더욱 발전한다"고 말했습니다.

대한민국을 위대한 반도체 강국으로 만들겠습니다.

이제부터 진짜 대한민국입니다.

지금은 이재명입니다.

2025년 4월 28일

AI 세계 3대 강국으로 우뚝 서겠습니다

챗GPT와 딥시크는 전 세계를 놀라게 했습니다.

AI는 동시대 세계 경제의 판도를 바꿀 게임체인저입니다.

대한민국은 이제 추격 국가가 아니라 첨단과학 기술로 세계의 미래를 설계하고 글로벌 질서와 문명을 이끄는 선도 국가여야 합니다.

K-이니셔티브에 있어 K-AI가 필수인 까닭입니다.

AI 투자 100조원 시대를 열겠습니다.

정부가 민간 투자의 마중물이 되어 AI 관련 예산을 선진국을 넘어서는 수준까지 증액하고자 합니다. 유명무실했던 대통령 직속 기구 '국가인공지능위원회'를 내실있게 강화해 본격적 K-AI 시대를 다지겠습니다. 기술자, 연구자, 투자기업과 정부의 협력을 대통령인 위원장이 직접 살피는 명실상부한 중심 기구로 재편하겠습니다.

국가 AI 데이터 집적 클러스터를 조성해 글로벌 AI 허브의 기반을 만들겠습니다.

AI 핵심 자산인 GPU를 최소 5만 개 이상 확보하고, AI 전용 NPU 개발과 실증을 적극 지원해 기술 주권을 확보하겠습니다.

기업의 연구·개발 지원을 위한 공공 데이터도 민간에 적극 개방하겠습니다.

국제협력으로 글로벌 AI 이니셔티브를 확보하겠습니다.

AI 초성장 사회로의 도약에는 글로벌 협력 체계가 절실합니다.

글로벌 AI 공동투자기금을 조성하고, 협력국 간 공용으로 사용가능한 기술을 개발하겠습니다. 이를 기반으로 태평양, 인도, 중동 국가까지 협력이 확대되어 다국적 데이터 활용이 가능해진다면 디지털 인구가 10억 명까지 늘어날 수 있습니다.

K-이니셔티브에 걸맞는 K-AI를 주도할 기반이 마련될 것입니다.

국가가 AI 인재 양성을 책임지겠습니다.

AI의 성패는 결국 인공지능(AI)을 설계하고 학습시키는 사람의 역량에 달려 있습니다.

우리는 빠른 속도로 성장해 가난한 나라에서 세계 10대 경제강국 대열에 올랐습니다.

이제는 양적 성장이라는 목표만 보고 달리느라 '빠뜨린 것' '빼먹은 것'을 채워 넣어야 합니다.

창의력과 문제 해결력을 바탕으로 혁신적이고 개방적인 사고를 하는 인재를 키워내겠습니다.

AI를 위한 STEM 프로그램을 도입해 과학·기술·공학·수학 교육, 즉 STEM(Science, Technology, Engineering, Mathematics) 교육을 강화해야 합니다.

지역별 거점대학에 AI 단과대학을 설립하고, 석박사급 전문 인재를 더 양성하겠습니다.

AI 분야 우수 인재의 병역특례를 확대해 과학기술 연구에 전념할 수 있도록 하겠습니다.

국내 인재를 체계적으로 양성하는 한편, 해외 인재도 과감히 유치해 글로벌 AI 이니셔티브를 확보하겠습니다.

제조업, ICT, 뷰티산업, 방위산업 등 다양한 산업과 연계된 AI 융복합 인재 육성도 지원하겠습니다.

AI 규제를 합리화하겠습니다.

우리 기업이 기술을 개발하고 제대로 투자받기도 전에 불합리한 AI 규제로 위축된 바는 없는지 면밀히 점검해야 합니다.

기업이 불필요한 규제에 시달리지 않고 온전히 기술 개발에 몰두할 수 있도록 AI 관련 규제를 합리화하겠습니다.

AI 산업 생태계 조성 관련법을 정비하고, 특허법, 출입국관리법 등 규제 특례가 적용될 AI 특구도 과감하게 확대해 가겠습니다.

'AI 산업융합'을 주도하겠습니다.

AI는 학습의 결과물입니다.

활용이 많아질수록 분산학습 효과로 더 빠르고 정밀해집니다.

국민 모두가 선진국 수준의 AI를 무료로 활용할 수 있게 '모두의 AI' 프로젝트를 추진하겠습니다. 이른바 '한국형 챗-GPT'를 전 국민이 사용하게 된다면 순식간에 수많은 데이터를 쌓을 수 있습니다.

이는 다른 산업과의 융합으로 생산성 혁신으로, 때로는 신산업 창출로 이어져 결국 국가 경쟁력을 강화할 것입니다.

국가가 '모두의 AI'에 투자해야 하는 이유입니다.

아울러 AI로 생산성은 높아지고 노동시간이 줄어들면 '워라밸이 가능한 AI 시대'가 열릴 것입니다.

무엇보다 너 이상 사람의 생명을 남보로 성장하지 않아도 되는 AI를 통한 '안전 사회'를 실현할 수 있습니다.

AI로 금융·건강·식량·재난 리스크를 분석하여 국민의 삶을 지키는 'AI 기본사회'를 만들겠습니다.

구글의 CEO인 선다 피차이~Sundar Pichai~는 AI가 인류에게 불이나 전기보다 더 큰 영향을 미칠 것이라고 말했습니다.

AI는 이제 선택이 아닙니다. 필수입니다.

감사합니다.

2025년 4월 14일

회복과 성장으로 코리아 디스카운트를 해소해, 주가지수 5,000시대를 열겠습니다

대한민국 주식투자자가 1,400만 명을 넘어섰습니다.

이제 우리 국민도 제대로 자산을 키울 수 있는 선진화된 주식시장이 필요합니다.

그러나 실망과 좌절을 경험한 투자자들은 해외시장으로 눈을 돌리고 있습니다.

참으로 안타까운 현실입니다.

대한민국 주식시장의 활성화가 국민의 건전한 자산 증식을 위한 가장 쉽고 빠른 길입니다.

국민 대부분의 자산이 부동산인 현실을 바꿔야 합니다.

혁신적 기업을 믿고 투자할 수 있도록 자본시장을 매력적인 투자처로 만들어야 합니다.

국가가 경제·산업 미래 비전을 시장에 제시하고, 이해관계자와의 대화와 타협을 통해 경영 효율을 저해하는 비정상적 지배구조를 단계적으로 개혁하겠습니다.

우선, 정부가 명확한 중장기 경제·산업 성장 로드맵roadmap을 발표하겠습니다.

그동안 정부가 발표한 각종 경제정책 방향은 구체성과 실현 가능성이 부족하거나 단기 처방에 그쳐 주식시장의 근본적 변화를 끌어내기에 역부족이었습니다.

정부가 집중투자 할 산업과 규모, 방식 등을 함께 제시함으로써, 민간이 투자 전략을 수립하고 실행하는 데 예측 가능성과 안정성을 더하겠습니다.

공정한 시장 질서를 확립하겠습니다.

시장 활성화는 공정성에서 비롯됩니다.

그동안 우리 주식시장에는 '주가조작으로 돈을 벌어도 힘만 있으면 처벌받지 않는다'는 깊은 불신이 퍼져 있었습니다.

주가조작, 시세조종 등 불공정 거래에 대한 강력한 대응이 필요합니다. '원스트라이크 아웃제'를 도입해 한 번이라도 주가조작에 가담하면, 다시는 주식시장에 발을 들일 수 없게 하겠습니다.

임직원과 대주주의 미공개 정보를 활용한 불공정 행위를 엄단하고, 단기차익 실현 환수를 강화하겠습니다.

주가조작 등 불공정거래 사전 모니터링과 범죄 엄단 시스템을 확실하게 보강하겠습니다.

기업지배구조의 투명성을 높이겠습니다.

한국의 기업지배구조 순위는 아시아 12개국 중 8위에 불과합니다.[01]

불투명한 기업지배구조는 '코리아 디스카운트'의 고질적인 원인 중 하나입니다.

주주 이익 보호를 위한 상법 개정을 재추진하겠습니다.

소액주주를 대표하는 이사도 선임될 수 있도록 집중투표제를 활성화하겠습니다.

감사위원 분리 선출도 단계적으로 확대해 경영 감시 기능을 더욱 강화하겠습니다.

---

01 참고: 아시아기업지배구조협회 ACGA 'CG Watch 2023' 보고서

합병 시 기업가치는 공정하게 평가되도록 하고, 일반주주 보호장치도 강화하겠습니다.

'쪼개기 상장' 시 모회사의 일반주주에게 신주를 우선 배정하도록 제도를 개선하겠습니다.

상장회사의 자사주는 원칙적으로 소각해 주주 이익으로 환원될 수 있도록 제도화하겠습니다

외국인 투자 환경도 대폭 개선하겠습니다.

국제 신용평가사들은 대한민국 국가신용 하방 요인으로 '코리아 리스크'를 지적합니다.

전략적 실용 외교로 때마다 반복되는 북한의 핵과 미사일 위협 등, 지정학적 안보리스크를 해소하겠습니다.

외국인이 안심하고 대한민국에 투자할 수 있는 신뢰 기반을 조성해 시장을 안심시키겠습니다.

MSCI 선진국 지수 편입을 위한 구체적인 로드맵을 마련하고, 외국인 투자자들의 불편을 해소하는 제도 개선에 나서겠습니다

'코리아 디스카운트' 시대를 끝내고, '코리아 프리미엄' 시대를 열겠습니다.

주식시장은 투명하게 운용되고, 기업은 정당하게 평가받으며, 투자자 이익은 두텁게 보호하겠습니다.

공정하고 합리적인 기업경영과 시장 질서가 확립되면, 우리 주식시장은 획기적인 도약을 이룰 수 있을 것입니다.

대한민국의 회복과 성장으로 코스피 5,000시대를 실현하겠습니다.

이제부터 진짜 대한민국, 지금은 이재명입니다.

2025년 4월 21일

에너지고속도로로 대한민국 경제도약과
지역균형발전을 이루겠습니다

해마다 극단적인 폭우와 가뭄, 산불로 인해 복구가 어려울 정도로 피해가 늘고 있습니다.

더 이상 이상기후가 아니라 '일상기후'가 된 것 아니냐는 우려 또한 높아지고 있습니다.

기후 위기 대응은 더 이상 선택의 문제가 아닙니다.

국제에너지기구$_{IEA}$ 자료(24.12월 기준)에 따르면, OECD 38개 회원국 중 우리나라의 재생에너지 발전 비중은 여전히 최하위 수준입니다.

2024년 기준으로 우리나라 에너지 비중은 원자력 31.7%, 석탄 28.1%, LNG 28.1%, 재생에너지 9.5%, 신에너지 1%입니다.

석탄 비중을 최소화하고 LNG 비중도 줄여가되, 재생에너지 비율을 신속히 늘려야 합니다.

전남·전북의 풍부한 풍력과 태양광으로 기후 위기에 대응하고, 경제 도약을 위한 새로운 동력으로 만들겠습니다.

에너지 경쟁력이 곧 산업 경쟁력입니다.

기후 위기 대응과 지속 가능한 성장을 위해 재생에너지를 확대하고, 안정적인 에너지 공급 체계를 구축하겠습니다. 이를 통해 에너지 전환 선도 국가로 도약해야 합니다.

경제성장과 기후 대응의 대동맥, 에너지고속도로를 구축하겠습니다.

우리 기업들은 재생에너지 공급량이 부족해 EU 탄소국경조정제도나 글로벌기업에 적용되는 RE100에 제대로 대비하지 못했습니다. 전력망 부족으로 재생에너지 신규 보급조차 막힌 상황입니다.

거꾸로 도는 시계를 바로 잡겠습니다.

2030년까지 서해안 에너지고속도로를 건설하겠습니다.

20GW 규모의 남서해안 해상풍력을 해상 전력망을 통해 주요 산업지대로 송전하고, 전국에 RE100 산단을 확대하겠습니다.

2040년 완공 목표로 'U'자형 한반도 에너지고속도로 건설을 시작해 한반도 전역에 해상망을 구축하겠습니다.

이 프로젝트로 호남과 영남의 전력망을 잇고 동해안의 해상풍력까지 연결해 대한민국의 새로운 에너지 패러다임을 만들겠습니다.

지역에서 생산하고 지역에서 소비하는 분산형 에너지 체계를 만들겠습니다.

햇빛과 바람 에너지를 에너지저장장치$_{ESS}$, 그린수소, 히트펌프 등과 연계하고, AI기반 지능형 전력망을 활용하여 에너지 자립마을을 만들겠습니다.

전력 수요가 많은 기업들이 현재 수도권에 집중되어 있습니다.

분산 에너지 편익 제공과 인센티브 강화로, 이들 기업을 지역에 유치해 지역경제를 살리겠습니다.

재생에너지 생산지와 대규모 산업지역을 연결해 전국에 'RE100 산단'을 조성하겠습니다.

재생에너지와 탄소중립산업을 대한민국 경제를 책임질 '제2의 반도체 산업'으로 만들겠습니다.

2024년 기준, 전 세계 에너지 부문 투자액은 4,360조 원에 달합니다.

반도체와 자동차 시장을 합한 것보다 규모가 큽니다.

에너지고속도로를 마중물 삼아, 재생에너지, 전력망, ESS 산업 경쟁력을 키우겠습니다.

히트펌프, 그린수소 등 탄소중립산업을 지원하고 전기차, 이차전지 등 연계산업에 집중적으로 투자하겠습니다.

에너지산업을 지역균형발전의 핵심으로 키우고, 대한민국을 대표하는 산업으로 만들겠습니다.

선박, 건설 중장비, 농기계 등의 전동화도 서둘러 대한민국 제조업의 지속 가능한 성장을 이끌겠습니다.

햇빛·바람 연금을 확대해 소멸 위기 지역의 경제를 살리겠습니다.

전남 신안군은 수년 전부터 태양광 발전소를 통해 주민들에게 총 220억 원을 배당했습니다.

2032년이면 1인당 연 600만 원 배당도 가능합니다.

이런 성과 덕분에 신안군은 인구 소멸 위기 지역 중 유일하게 인구가 늘고 있습니다.

'햇빛·바람 연금'을 전국으로 확대해 주민 소득을 늘리고, 사람이 돌아오는 지역으로 만들겠습니다.

김대중 대통령은 **정보화고속도로**로 IMF 경제위기를 극복하셨습니다.

저 이재명은 **에너지고속도로**로 세계를 주도하는 K-이니셔티브 시대를 열겠습니다.

이제부터 진짜 대한민국입니다.

지금은 이재명입니다.

2025년 4월 24일

대한민국을 글로벌 방위산업 4대 강국으로 만들겠습니다

소총 한 자루도 만들지 못하던 대한민국이 매일 K-방산의 새로운 역사를 쓰고 있습니다.

국내 7개 주요 방산기업 수주 잔액이 작년 말 100조 원을 돌파했습니다.

국산 대공방어무기 체계와 초대형 최첨단 탄두 기술은 북한의 연이은 핵미사일 위협에도 굴하지 않는 '강한 안보'의 핵심 자산입니다.

K-방산은 반도체, 이차전지, 미래 자동차 등과 더불어 한국 경제를 이끌어갈 미래 먹거리입니다.

강력한 제조업을 기반으로 AI 첨단기술로 무장한 K-방산이야말로 우리 경제의 저성장 위기를 돌파할 신성장 동력이자, 국부 증진의 중요한 견인차임을 저는 확신합니다.

이를 위해서는 범정부적 지원체계 강화가 필요합니다.

방산수출 컨트롤타워를 신설하고, 대통령 주재 방산수출진흥전략회의를 정례화해야 합니다.

방산 지원 정책금융 체계를 재편하고, 방산 수출 기업의 R&D 세액을 감면해 우리 기업의 경쟁력을 더욱 강화해야 합니다.

국방과학연구소가 보유한 원천기술이 적재적소에 활용될 수 있는 지원 방안도 마련해야 합니다.

유럽, 중동, 동남아와 인도, 미국과 중남미 등 권역별 특성을 고려한 윈-윈 협력 전략을 수립하고, 방산 기술이전과 교육으로 상호 신뢰를 구축해 방산협력국을 적극 확대해가야 합니다.

3년 넘게 이어지고 있는 러시아·우크라이나 전쟁은 전쟁 양상의 극명한 변화를 그대로 보여주고 있습니다.

첨단 과학기술에 비례해 빛의 속도로 변화하는 전장에 대응하기 위해서도 R&D 국가 투자 확대는 '선택이 아닌 필수'입니다.

K-방산 스타트업을 육성하고, 방산 병역특례를 확대해 K-방산 인재를 적극 양성해야 합니다.

지역의 주력산업과 연구개발 역량을 방산과 융합하는 방산 클러스터를 확대 운영해야 합니다.

이는 지역균형발전과 글로벌 MRO(유지·보수·정비) 시장 선점의 의미있는 성과로 이어질 것입니다.

대한민국은 이제 '모방'에서 '주도'로 패러다임을 전환해야 합니다.

지능형 강군 건설에 꼭 필요한 AI 기반 게임 체인저 기술개발과 전력화!

대한민국 경제 산업의 앞자리에 세계 4대 K-방산 강국의 미래가 굳건히 자리 잡을 것임을 확신합니다.

2025년 4월 17일

기술패권의 시대, 첨단 과학기술로 세계를 주도하는
과학강국 대한민국을 만들겠습니다

과학기술이 국가의 흥망성쇠를 결정하는 기술 패권의 시대에 맞는 '과학의 날'입니다.

가뜩이나 힘들고 어려운 연구 현장을 지키며 오늘도 연구에 매진하고 계신 과학기술인 여러분께 깊은 감사를 드립니다.

"과학의 승리자는 모든 것의 승리자다. 한 개의 시험관은 전 세계를 뒤집는다" - 1934년 처음 지정된 '과학데이'[02]의 구호입니다.

우리 선대들은 암흑과도 같았던 일제강점기에도 '과학의 날'을 만들어 과학강국을 꿈꾸었습니다. 식민 치하에서도 과학기술의 중요성을 깨닫고, 미래를 준비한 선견지명에 절로 고개가 숙여집니다.

김대중-노무현-문재인 대통령으로 이어지는 민주정부는 IMF 경제위기와 코로나19라는 세계적 전염병의 국난 속에서도 R&D 예산을 늘리고, 우주로 진출할 계획을 세웠습니다. 과학기술을 국정 중심에 두고, 꾸준히 선진 대한민국의 길을 닦았습니다.

과학기술이 존중받고 과학기술인들을 우대했을 때 나라는 흥했고, 그렇지 못했을 때 뒤쳐졌습니다.

첨단 과학기술이야말로 세계를 주도하는 진짜 대한민국의 근간이고, K-이니셔티브의 핵심 자산입니다.

이제, 발상을 전환해야 합니다. 과감한 투자와 초격차의 압도적 기술

---

02 최초의 '과학데이'는 찰스다윈 사망일인 4월 19일. 일제 탄압으로 5회 만에 중단. 이후 과학기술처 발족일인 4월 21일로 정해짐.

만이 세계를 주도할 수 있습니다.

과학기술 R&D 예산을 대폭 확대하겠습니다.

예산은 국가가 나아갈 방향을 가리키는 나침반과 같습니다. 올해 총 정부 지출 기준 R&D 예산은 4.4%에 불과합니다. 대한민국을 과학기술 강국으로 만들기 위해서는 훨씬 더 과감한 투자가 필요합니다.

퇴행한 R&D 예산을 바로잡아 무너진 연구 생태계를 다시 일으켜 세워야 합니다. 특히 인공지능(AI), 반도체, 이차전지, 바이오·백신, 수소, 미래차 등 국가전략기술 미래 분야를 키우는 데 집중하겠습니다.

과학기술인들이 연구에만 매진할 수 있도록 정부가 든든히 뒷받침 하겠습니다.

연구개발도 결국 사람의 일입니다. 김대중 대통령께서는 "일류국가로 발돋움하기 위해서는 과학기술자가 존경받는 사회가 되어야 한다"라고 말씀하셨습니다.

긴 호흡으로 쉽게 포기하거나, 좌절하지 않도록 기회가 주어져야 합니다. 정해진 답 대신, 판을 바꾸는 게임체인저가 되려면 창의력을 마음껏 발휘할 수 있는 연구 환경이 보장되어야 합니다.

과학기술인들이 존중받는 만큼, 과학기술도 융성하게 될 것입니다.

연구자의 자율성을 기반으로 도전적, 창의적, 장기적 연구 수행이 가능한 환경을 만들겠습니다. R&D 정책 수립과 기획, 평가에 현장 연구자들의 목소리를 대폭 반영하겠습니다.

이공계 학생과 박사후 연구원의 처우 개선과, 이공계 핵심 인재 양성을 전폭적으로 지원해 인재가 떠나지 않고 모이는 대한민국을 만들겠습니다.

연구·교육 활성화를 위한 지역 기반도 강화하겠습니다.

지방거점국립대가 세계 수준의 연구중심대학이 될 수 있도록 집중적으로 투자해야 합니다.

이를 위해 지역거점 국립대와 지역 과학기술원, 세계 유수 대학이 협력할 수 있는 글로벌 공동연구 허브를 구축하겠습니다.

지자체가 자율성을 갖고 R&D 투자의 방향을 설정할 수 있도록 '지역 자율 R&D'를 적극 추진하겠습니다.

당면한 지역의 문제는 사실 대한민국이 풀어야 할 과제이기도 합니다. 따라서 해당 지역 지자체가 이를 해결하는 과정에 직접 참여하는 것이 중요합니다.

한걸음 뒤처지면 도태되기 쉬운 추격자일 뿐이지만, 반걸음만 앞서 가면 무한한 기회를 누리는 선도자가 될 수 있습니다.

그 중심에 첨단 과학기술이 있습니다.

뿌리 깊은 나무가 바람에 흔들리지 않듯, 과학기술이 강한 나라는 흔들림 없이 번영하고 세계를 주도할 것입니다. 우리의 역량과 지혜를 모두 모아 과학강국 대한민국을 만들겠습니다.

과학이 강한 나라, 이제부터 진짜 대한민국입니다.

지금은 이재명입니다.

2025년 4월 21일

기후위기 시대, 지속가능한 농업을 위해
K-농업강국을 만들겠습니다

    기후변화로 농업재해가 빈번해졌습니다.
    농가인구는 줄고, 생산비는 급등했으며, 수급 불안까지 겹치며 농업의 지속 가능성이 흔들리고 있습니다.
    기후위기 시대의 농업은 더 이상 사양산업이 아닙니다.
    식량주권이 걸린 국가안보의 핵심 산업입니다.
    농민이 살아야 농업이 살고, 농촌이 유지돼야 지방소멸을 막을 수 있습니다.
    농업은 단순한 1차 산업을 넘어, 대한민국 균형발전과 식량안보를 책임지는 국가 전략 산업입니다.
    농정 대전환으로 위기를 기회로 바꾸고, K-농업강국으로 도약하기 위한 다섯 가지 전략을 제안합니다.
    첫째, 농업재해 보상은 현실화하고 생산비 부담은 덜어드리겠습니다.
    해마다 반복되는 폭염과 집중호우, 병해충, 가축전염병 피해로 인한 농민의 고통을 덜어드리겠습니다.
    농업재해피해복구비 지원단가를 현실화하고, 보험료 할증 최소화로 실질적인 재해보상이 이루어지도록 지원하겠습니다.
    필수 농자재 지원제도를 도입해, 농축산업 생산원가 급등으로 인한 부담을 완화하겠습니다.
    농업인 안전보험 보장 범위도 산재보험 수준까지 단계적으로 확대하겠습니다.
    둘째, 로봇과 AI 등 첨단기술을 적용한 스마트(smart) 농업을 확산하겠습니다.

 농업용 로봇과 AI 등 첨단 농업기술을 도입해 농작업의 편의성과 효율성을 높이겠습니다.

 기후위기에 강한 스마트 농업체계를 구축하고, 중소농가에 적합한 '맞춤형 스마트팜 모델'을 개발하겠습니다.

 지역공동체가 스마트농업을 주도하는 농업경영체를 육성해 미래 영농 기반을 마련하겠습니다.

 주민참여형 농지 규모화(개별 농가의 소규모·산재된 농지를 일정 규모 이상으로 교환, 통합을 통해 집적하는 과정)를 추진해 농지 이용의 효율성도 높이겠습니다.

 스마트팜 정책과 금융지원을 획기적으로 개선하겠습니다.

 청년 농업인들이 부채 걱정 없이 안심하고 미래 농업 주역이 될 수 있도록 돕겠습니다.

 농축산업 관련 정보를 체계적으로 수집·활용하는 데이터 기반 농정체계를 구축해, 지속가능한 농업의 미래를 만들어 가겠습니다.

 셋째, 노후가 보장되는 농업을 실현하겠습니다.

 농업인의 노후를 보장하겠습니다.

 소상공인의 노란우산공제처럼, 농업인을 위한 퇴직연금제를 도입하겠습니다.

 고령농의 걱정 없는 노후를 위해 '농지 이양 은퇴직불금' 제도를 현실에 맞게 재설계하겠습니다.

 고령 농업인이 청년 농업인에게 농지를 원활히 이양할 수 있도록 지원해 세대교체를 촉진하고, 비축 농지도 안정적으로 확보하겠습니다.

 영농형 태양광 발전을 통한 '햇빛연금'을 확대하고, 농촌 주택 태양광 발전 설치도 대폭 늘려 농촌 주민의 소득을 높이겠습니다.

넷째, 농정예산을 확대하고, 선진국형 농가소득 안전망을 구축하겠습니다.

공익직불금을 확대하고 다양한 직불제도 도입을 추진해 농정예산에서 직불 비중을 높이겠습니다.

현재 시범 운영 중인 농어촌 주민수당제도는 소멸 위기 지역부터 단계적으로 확대하겠습니다.

윤석열 정부가 역대 최저 수준으로 낮춘 농식품부 예산 비중을 정상화해 선진국형 농가소득 안전망을 확충하겠습니다.

다섯째, 쌀의 적정가격을 보장하고, 농식품산업을 미래 성장동력으로 육성하겠습니다.

양곡관리법을 개정해 쌀값을 안정적으로 보장하고, 인센티브 확대와 판로 보장으로 타 작물 경작 전환을 촉진하겠습니다.

생산자 조직의 식품업 진출과 해외시장 진출을 지원하고, 식량자급률과 식량안보지수를 높이겠습니다.

K-푸드의 정체성과 국제 경쟁력을 강화하겠습니다.

농축산 식품산업 혁신을 지원하는 R&D 투자를 확대하고, 전통 발효 가공식품도 체계적으로 육성하겠습니다.

국민의 건강한 먹거리를 책임지겠습니다.

GMO 완전표시제를 단계적으로 추진하고, 친환경 유기농업과 저탄소 농업에 대한 지원을 확대하겠습니다.

윤석열 정부에서 지지부진한 축산업 탄소중립 지원 대책과 축산농가 경영 안정 대책을 마련하겠습니다.

농업은 기후 위기 시대에 식량주권을 지키는 국가안보의 최전선이자, 국가 생존을 위한 기간산업입니다.

　농정 대전환으로 농업의 경쟁력을 높이고, 농민의 삶을 지키며, 대한민국의 미래 성장동력을 키워내겠습니다.

　이제 농업을 기후위기에 대응하는 지속가능한 미래산업으로 전환하고, K-푸드를 넘어 K-농업이 세계를 선도하는 시대를 열어가겠습니다.

　이제부터 진짜 대한민국입니다.

　지금은 이재명입니다.

2025년 4월 25일

어촌을 미래로 나아갈 기회의 장으로 만들겠습니다

어촌 소멸 위기가 빨라지고 있습니다.

청년이 떠난 어촌에는 일할 사람이 부족합니다. 기후 위기가 바다 생태계를 바꾸며, 어민들의 삶터를 위협하고 있습니다.

'살기 좋은 어촌', '활기찬 어촌'으로 나아가기 위한 특단의 대책이 필요합니다. 어민의 삶을 지키고, 우리 수산업의 지속가능성을 확보해야 합니다.

첫째, 어민 소득 증대와 정주 여건 개선을 추진하겠습니다.

영세어업인에게 지급하는 수산공익직불금 인상을 추진해 소득 안정을 지원하겠습니다.

수산식품 기업바우처와 수산선도조직 육성사업 예산을 확대해 우리 수산물의 수출경쟁력을 높이겠습니다.

가공설비와 수산물 자조금 지원을 강화해 K-Seafood 수출 확대를 뒷받침하겠습니다.

해양바이오 산업을 키우고, 레저관광 산업을 확대해 어촌의 새로운 성장동력으로 만들겠습니다.

권역별 복합 해양관광도시를 확대하고, 마리나 거점 및 레저선박 클러스터를 조성하겠습니다.

어촌 체험·휴양마을 특화 조성을 확대하고, 어촌 자원을 활용한 창업을 지원해 지역 경제를 되살리겠습니다.

둘째, 기후위기에 대응해 지속가능한 수산업을 육성하겠습니다.

기후변화에 따른 어장 및 조업 여건 변화에 유연하게 대응하는 시스템을 구축하겠습니다.

양식수산업 재해보험 보장 범위를 넓히고, 보상 규모 현실화도 추진하겠습니다.

어선 폐업지원금 인상을 추진하고, 폐업하는 수산물 양식업자의 업종 전환 지원도 확대하겠습니다.

수산 종자와 양식어업 장비 스마트화를 지원하고, 필수 수산 양식 기자재 보급에 대한 정부 지원도 추진하겠습니다.

셋째, 어촌 청년 유입을 적극 지원하겠습니다.

청년의 안정적인 정착을 돕는 어촌정착지원 사업을 개선하겠습니다. 지원 대상을 넓히고, 정착 지원액 인상도 검토하겠습니다.

어선 임대 사업을 확대해 초기 정착 비용인 어선 임차비 부담을 낮추겠습니다.

어구 구입비 지원과 어선·어업 교육, 멘토링, 보험료 지원 등 청년 역량 강화도 함께 추진하겠습니다.

바다는 어민의 삶의 터전이며, 대한민국이 미래로 뻗어 나갈 희망의 보고입니다.

어촌에 새로운 활력을 불어넣고, 어민의 삶을 든든히 받치겠습니다. 어촌을 대한민국의 내일을 여는 기회의 땅으로 만들겠습니다.

이제부터 진짜 대한민국, 지금은 이재명입니다.

2025년 5월 3일

어록

오늘 이 자리에서 재벌 체제 해체에 정치생명을 걸겠습니다.
　　－2017.1.15. 광주 김대중컨벤션센터 '손가락혁명단' 출정식에서

한국판 리코법[03] 제정으로 이재용 삼성 부회장 등 재벌의 범죄수익을 환수 조치하고 영업이익 500억원 이상 대기업 440개 법인세를 22%에서 30%로 증세해야 한다.
　　－2017.1.16. 페이스북

저는 부동산 개혁을 위한 정책 수단으로 토지이익배당금제, 주거기본권 실현을 제시한 바 있다.
　　－2021.12.28. '부동산개혁위원회' 출범식에서

03　리코법: Racketeer Influenced and Corrupt Organizations Act, 줄여서 RICO Act. 범죄 조직이나 기업이 얻은 이익에 대해 적법성을 밝히지 못했을 경우, 그 이익을 전부 몰수하는 법률.

첫 번째 우리나라가 선진국들에 비해서 국채 비율이 매우 낮다, 절반에도 미치지 못한다. 두 번째 우리가 곧 기축통화국으로 될 가능성이 매우 높다.
-2022.2.21. 제20대 대통령선거 후보자 토론회에서

민주당은 고금리·고에너지가격으로 특별한 이익을 거둔 금융권과 정유사 등에 대해 횡재세를 부과하는 입법을 추진하고 있습니다.
-2023.11.17. 더불어민주당 제186차 최고위원회의에서

세계 10대 경제 강국이고 무역흑자 세계 5대 강국이던 대한민국이 1년 10개월도 안 되는 이 기간에 북한보다도 못한 200위대 무역적자 국가가 되고 말았다.
-2024.4.6. 부승찬 경기 용인병 후보 지지유세 현장에서

엔비디아 같은 회사가 하나 새로 생겼다. 그중에 국민의 지분이 30%다. 그래서 그 70%는 민간이 가지고 30%는 국민 모두가 나누면 굳이 세금에 막 그렇게 의존하지 않아도 되는 사회가 오지 않을까요? 좀 그랬으면 좋겠어요.

-2025.3.2. 유튜브 채널 '오피큐알$_{OPQR}$'에서

음식점 허가 총량제를 운영해볼까 하는 생각이 있다. 선량한 국가에 의한 선량한 규제는 필요하다. 하도 식당을 열었다, 망하고 해서 마치 개미지옥 같다. 자살할 자유는 자유가 아니고, 불량식품을 먹는 것이 자유가 아니고, 굶어 죽을 자유도 아니듯, 마구 식당을 열어 망하는 것도 자유가 아니다.

-2021.10.27. 소상공인·자영업자 간담회에서

4장.
노동·복지

일하는 사람이 주인공인 나라,
노동이 존중받는 사회를 만들겠습니다

존엄한 삶을 위해 싸워온 노동자들을 기리는 135주년 노동절입니다. 지금도 각자의 일터에서 묵묵히 일상을 지키며 대한민국을 움직이는 모든 노동자에게 존경과 감사를 전합니다.

지금 우리의 노동은 새로운 도전을 마주하고 있습니다. 저성장과 산업 대전환은 대량 실업의 위험을 키우고, 플랫폼노동과 특수고용 등 '노동법 보호 밖의' 노동자들이 계속 늘고 있습니다.

미완의 노동과제를 해결하고, 미래 노동 대전환을 대비해야 합니다. 일하는 사람 모두가 존중받고, 노력한 만큼 합당한 보상을 받는 사회로 나아가야 합니다.

첫째, 모든 일하는 사람에게 보편적 권리를 보장하겠습니다.

특수고용직, 프리랜서, 플랫폼 노동자, 자영업자 등 고용 형태나 계약 명칭과 무관하게 일하는 모든 사람의 권리를 보호할 수 있는 법제도 개선을 추진하겠습니다.

공정한 보상, 안전하고 건강한 노동환경, 고용·산재보험 등 사회보장, 차별과 괴롭힘을 받지 않을 권리 등을 반드시 보장하겠습니다.

노동위원회가 일하는 사람들의 다양한 노동 분쟁을 신속하고 공정하게 조정할 수 있게 하겠습니다.

둘째, 비전형 노동자도 다같이 행복한 일터 문화를 구축하겠습니다.

배달플랫폼의 과도한 수수료 부과와 불공정행위가 이어지며 비전형 노동자들과 자영업자들의 피해가 늘고 있습니다.

플랫폼 중개 수수료율 차별을 금지하고, 수수료 상한제를 도입하는 등 법제도 개선을 추진하겠습니다.

배달 노동자들의 사고위험에 대비해 유상 운송보험 가입과 안전교육을 의무화하고, 미조직 취약 노동자들의 권익보호와 처우개선을 강화하겠습니다.

셋째, 정년연장을 사회적 합의로 추진하겠습니다.

법적 정년과 국민연금 수급 사이의 단절은 생계의 절벽입니다. 저출산·고령사회에 대응하려면 계속 일할 수 있는 사회를 만들어야 합니다. 준비되지 않은 퇴직으로 은퇴자가 빈곤에 내몰리는 현실을 개선해야 합니다.

넷째, 노동 존중 문화를 확산하고, 노조에 가입해 활동할 권리를 강화하겠습니다.

'근로자의 날'을 '노동절'로 개칭해 노동존중 가치를 바로 세우겠습니다. 초기업단위 교섭 활성화, 단체협약 효력 확장으로 노동존중 대한민국 시대를 열겠습니다.

다섯째, 노동권을 좀 더 적극적으로 보장하겠습니다.

노조법 제2조, 제3조를 개정해 교섭권을 강화하고, 무분별한 손해배상 청구와 가압류로 인한 고통을 줄이겠습니다.

지방공무원에게 노동 관련 특별사법경찰권을 부여하고, 부족한 근로감독 인력을 대폭 증원하여 일상 속에서 신속히 권리를 구제받을 수 있는 노동권 보호 시스템을 구축하겠습니다.

노동법원 설립을 추진해 권리 구제는 신속하게, 노동분쟁 해결은 공정하게 이루어지도록 하겠습니다. 장기화 된 분쟁으로 노사 모두가 고통받는 구조를 바꾸겠습니다.

여섯째, 청년들의 노동권을 보호하겠습니다.

청년들이 일자리 경력을 쌓고 자산을 형성할 수 있게 청년내일채움공제시즌2 (가칭 '청년미래적금')를 시행하겠습니다.

청년이 자발적으로 이직하더라도 다시 도전할 수 있도록 생애 1회 구직급여를 지급하겠습니다.

일곱째, '아프면 쉴 권리'를 보장하겠습니다.

현재 저소득 취업자로 제한된 상병수당 시범사업을 단계적으로 확대해, 누구나 아프면 걱정 없이 쉴 수 있도록 하겠습니다.

일하는 사람들의 삶을 지키는 것은 정치의 책무입니다.

일하는 사람이 존중받아야 청년도 꿈꾸고, 중장년도 도전하고, 고령자도 당당히 살아갈 수 있습니다.

급변하는 노동환경 변화 속에서도 모든 노동자의 권익을 지켜내겠습니다.

일하는 사람이 주인공인 나라! 노동이 존중받는 사회!

이제부터 진짜 대한민국, 지금은 이재명입니다.

2025년 5월 1일

휴식과 재충전을 보장하고 생활부담을 완화하겠습니다

우리 사회는 새로운 전환점을 맞이하고 있습니다. 산업화와 민주화를 거치며 눈부신 성취를 이룬 대한민국은 이제 국민 한 사람 한 사람의 '삶의 질'을 챙기는 더 높은 단계로 도약해야 합니다.

일하는 시간이 길수록 성공이 보장되던 시대는 이미 지나갔습니다. AI의 등장으로 단순하고 반복적인 업무는 기계가 맡을 것이고, 사람은 창의성과 부가가치를 창출하는 일에 더욱 집중하게 될 것입니다. 이 새로운 시대에 '사람'의 가치를 높이기 위해서는 무엇보다 충분한 휴식과 재충전이 필수입니다.

국민 한 명 한 명 삶의 균형과 정신적 안정 그리고 경제적 여유로움을 갖추도록 뒷받침하는 나라, 그것이 우리가 함께 만들어갈 "진짜 대한민국"입니다.

그러나 오늘의 현실은 결코 녹록지 않습니다. 여전한 초과근로, 과도한 업무 스트레스, 늘 부족한 휴식이 직장인의 삶을 지치게 하고 있습니다. 시대 변화에 제대로 부응하지 못하는 제도와 정책이 여전합니다. 이제 '지속가능한 일과 삶의 조화'를 위해 과감한 정책 전환에 나서야 합니다.

첫째, 우리나라의 평균 노동시간을 2030년까지 OECD 평균 이하로 단축하겠습니다.

이를 위해서는 국민적인 합의도 필요하지만, 무엇보다 기업들의 적극적 참여가 필수입니다. 주4.5일제를 도입하는 기업에 대해 확실한 지원방안을 만들겠습니다. 장기적으로는 주4일제로 나아가야 합니다.

또한, 과로사를 막고 실노동시간을 단축하기 위한 제도적 근거를 만들어, 효율적인 대책 수립 의무를 국가 등에 부여하겠습니다.

 장시간 노동과 '공짜 노동'의 원인으로 지목되어 온 포괄임금제를 근본적으로 검토하겠습니다. 이 과정에서 기존의 임금 등 근로조건이 나빠지지 않도록 철저하게 보완하겠습니다. 또한 사용자에게는 근로자의 실근로시간을 측정·기록하도록 의무화하겠습니다.

 휴가제도를 획기적으로 개선하겠습니다. 연차휴가 일수와 소진율을 선진국 수준으로 확대하겠습니다. 연차유급휴가 취득 요건을 완화하고, 사용하지 못한 휴가는 연차휴가 저축제도를 통해 3년 안에 사용할 수 있도록 하는 등 편의성을 높이겠습니다.

 또한, 연차휴가를 청구하거나 사용한다는 이유로 회사가 근로자에게 불이익을 주는 행위를 금지하겠습니다.

 둘째, 직장인들의 재충전을 적극 지원하겠습니다.

 우선, 국민휴가 지원 3종 세트(근로자 휴가지원제, 지역사랑 휴가지원제, 숏컷 여행)를 통해 근로자 휴가지원제도를 대폭 확대하겠습니다. 국내 지역관광을 활성화하기 위해 '(가칭)지역사랑휴가지원제'를 신설하겠습니다. 국민들이 원하는 지역을 사전예약하면 정부와 지자체가 각각 분담하여 지원해, 보다 쉽고 부담없이 지역관광을 즐길 수 있도록 하겠습니다.

 '1박2일'의 짧은 국내여행 활성화를 위해 '숏컷 여행'도 적극 지원하겠습니다. 이를 통해 국내여행 비용부담을 낮추고 관광수요를 진작함으로써 내수 활성화에도 기여하겠습니다.

 또한, 현재 정부·기업·근로자가 각각 10만원·10만원·20만원씩 부담하는 근로자휴가지원제도를 활성화하기 위해 정부부담을 늘리고, 수혜대상도 폭넓게 확대하겠습니다.

셋째, 직장인들의 일상생활 부담을 덜겠습니다.

생활의 기본은 주거입니다. 하루의 피로를 풀고, 삶의 에너지를 충전할 수 있는 편안한 공간이 있어야 합니다. 직장생활의 고단함도, 출퇴근길의 고생도 결국 집에 돌아와야 치유됩니다.

이를 위해, 무엇보다도 전월세 관련 주거지원을 강화하겠습니다. 전세자금 이차보전을 확대하는 한편, 월세부담을 덜기 위해 월세세액공제 대상자의 소득기준을 상향하고, 대상주택 범위도 대폭 확대하겠습니다. 아울러, 최근 몇 년간 전세사기로 눈물을 흘린 분들이 너무나도 많습니다. 전세사기 걱정없고 책임이 전가되지 않도록 '보증제도'도 개선하겠습니다.

일하러 집을 나서면 일단 교통·통신이 꼭 필요합니다. 직장과 집이 조금 먼 분들에게 매일 발생하는 교통비는 상당한 부담입니다. 청년·국민패스 등을 새롭게 만들어 교통비를 절감하겠습니다. 환승이나 거리병산 추가요금에 따른 부담도 줄이겠습니다.

정보화 사회에서 교통비처럼 필수적으로 지출되는 비용이 통신비입니다. 그런데 우리나라는 교통비 세제혜택은 있지만 통신비는 세제혜택이 없었습니다. 이제 근로자 본인과 가족 중 미성년 자녀, 65세 이상 노부모를 위해 지출한 통신비는 최소한 필요 수준에서의 세액공제 개선을 검토하겠습니다.

자녀 수가 늘면 생활비 지출도 늘고, 신용카드 사용액이 늘어나는 것이 당연합니다. 자녀 수에 따라 신용카드 공제율과 공제 한도 상향을 추진하겠습니다. 여기에 더해 자녀세액 공제 확대 등을 추진하겠습니다.

또한 맞벌이 부모들은 퇴근 무렵까지 초등학생 자녀들을 태권도장을 비롯한 체육시설이나 음악·미술학원에 보내는 것이 현실입니다. 그런데, 현행 세법은 수백만원짜리 영어유치원은 교육비 세액공제를 해주면서 초등학생 태권도장은 교육비 세액공제를 안해줍니다. 고치겠습니다. 교육비 세액공제 대상을 초등학생 자녀의 예체능 부문까지 확대하는 것을 추진하겠습니다.

끝으로, 프랑스는 부부의 소득과 가족수를 함께 고려하는 "가족계수제" 소득세 체계를 도입하여 저출생 극복의 해결책으로 활용했던 사례가 있습니다. 우리나라도 중장기적으로 소득세 체계를 가족친화적인 방식으로 바꿔나가는 방향을 검토하겠습니다.

직장인 여러분!

열심히 일한 뒤 충분한 휴식과 여가를 누릴 수 있고, 이를 가능케 하는 경제적 기반이 마련된 삶. 내일이 기대되는 삶, 그런 '진짜 대한민국'을 저 이재명이 만들겠습니다.

2025년 4월 30일

아플 때 국민 누구도 걱정 없는 나라, 제대로 치료받을 수 있는 사회를 만들겠습니다

우리나라는 비교적 짧은 기간 내에 건강보험 보장성을 크게 향상시켰고, 수준 높은 의료서비스 체계를 구축했습니다. 그 중심에는 밤낮없이 현장을 지켜온 의료인의 헌신이 있었습니다.

하지만 여전히 '거주 지역'과 '민간보험 가입 여부'에 따라 의료서비스의 격차가 존재합니다. 아파도 갈 병원이 주변에 없고, 병원 문턱은 점점 더 높아지고 있습니다. 의료접근성이 실질적인 환자의 필요보다 지역 여건, 소득 수준, 의료기관 분포에 더 크게 좌우되고 있기 때문입니다.

이제 "아프면 병원으로"라는 당연한 상식이 제대로 통용되어야 합니다. 환자의 필요와 안전을 최우선으로 하는 의료개혁, 요양과 돌봄까지 이어지는 포괄적 개편이 필요합니다.

공공의료를 강화하겠습니다.

공공의대를 설립해 공공·필수·지역 의료 인력을 양성하고, 디지털 인프라를 기반으로 한 차세대 공공의료시스템을 갖춘 공공병원을 확충해 가겠습니다. 지역 간 의료 격차를 줄이고, 지방의료원에 대한 지원을 확대해 공공의료 거점기관으로 육성하겠습니다. 응급·분만·외상 치료 등 필수 의료는 국가가 책임지겠습니다.

건강보험 재정 안정과 효율적 사용을 위해 건강보험제도를 개혁하고, 환자의 권리와 안전을 최우선으로 보장할 수 있도록 의료 시스템을 강화하겠습니다.

의대 정원을 합리화하겠습니다.

지난 의료 대란은 모두에게 고통을 남겼습니다. 정부의 일방적 결정에 의료계는 대화의 문을 닫았고 결국 국민이 가장 큰 피해를 입었습니다. 진료를 제대로 받지 못한 환자들은 생사를 넘나들어야 했고, 전공의와 의대생들은 병동과 학교를 떠났습니다.

이제 갈등과 대립, 정쟁을 끝내야 합니다. 국민의 생명과 건강을 중심으로, 모두가 머리를 맞대야 합니다. 모든 이해당사자가 참여하는 사회적 합의에서 다시 출발해 AI와 첨단 과학기술 발달에 따른 시대변화까지 고려해야 합니다.

통합돌봄 체계를 구축하겠습니다.

의료-요양-돌봄이 유기적으로 이어지는 시스템을 구축하겠습니다. 내년에 시행되는 「돌봄통합지원법」을 기반으로 지속 가능한 지역사회 건강돌봄체계를 완성하겠습니다. 누구도 돌봄에서 소외되지 않는 사회를 만들어 내겠습니다.

국민의 생명보다 더 소중한 가치는 없습니다. 아프면 언제, 어디서나, 누구라도 차별 없이 치료받는 나라, '진짜 대한민국'이 되어야 합니다.

공공의료 확충! 의료불평등 완화!

이제부터 진짜 대한민국, 지금은 이재명입니다.

2025년 4월 22일

어록

저는 국가예산 400조의 7%인 28조원으로 29세 이하와 65세 이상 국민, 농어민과 장애인 2800만 명에게 기본소득 1백만 원을 지급할 계획입니다. 95%의 국민이 혜택을 보는 국토보유세를 만들어 전 국민에게 30만원씩 토지배당을 시작할 것입니다. 기본소득과 토지배당은 지역화폐(상품권)로 지급하여 560만 자영업자를 살리게 됩니다.

-2017.1.23. 경기도 성남 오리엔트 시계공장에서

현재는 99대 1의 사회다. 극소수는 너무 많이 가졌고 나머지는 너무 못 가졌다. 이 1% 부분을 가려내는데 전산 작업이나 인력 투입 등으로 인해 예산이 오히려 더 들어간다.

-2016.1.6. 동아일보 인터뷰에서

기본소득은 뭐 제 필생의 신념 같은 겁니다.

-2020.6.11. 연합뉴스 TV 인터뷰에서

공공배달앱은 디지털 인프라다. 하나의 사회간접자본$_{SOC}$으로 접근하는 것이 맞다.

　　　　　-2020.4.17. 공공배달앱 개발전략수립을 위한 간담회에서

(복지 공약 재원 마련 방안과 관련하여) 데이터세, 인공지능로봇세, 토지 보유에 따른 불로소득을 줄이기 위한 국토보유세 등을 조금씩 부과하면서 그만큼 전액을 국민께 지급하는 방식으로 확보해가면 재원 조달은 문제가 없을 것.

　　　　　-2021.7.4. 더불어민주당 대통령선거 예비경선에서

베네수엘라의 국채(국가채무) 비율은 지금도 20%대에 불과하며 국채 때문에 망했다는 주장은 완전한 가짜뉴스.

　　　　　-2020.9.27. 페이스북에서

1인당 25만 원, 가구당 평균 100만 원의 민생 회복 지원금 지급을 (정부에) 제안한다. 100만 원도 안 되는 돈 지급할 때 정말 활황이었다. 소고기 사먹고 좋았잖아요.

　　　　　-2024.3.24. 서울 송파구 새마을전통시장에서

왜 지금 기본주택이 없냐고 하시면, 현재 법상 '기본주택'이 정의되어 있지 않기 때문에 당연한 것. 현행법에 '저소득층이나 중위소득 150% 이하'로 되어 있는 입주자격을 '무주택자 누구나'로 바꾸면 되는 비교적 간단한 일이다.

-2021.7.9. 페이스북에서

재벌의 독점과 특권을 해체하고 부가 중소기업으로, 가계로, 노동자에 흘러가게 해야 합니다. 재벌체제 해체와 공정경제 확립!

-2017.1.16. 페이스북에서

노동자들에 대해서 애정이 있는 사람을 하고 싶은데 한상균 민주노총 위원장을 사면시켜서 노동부 장관을 시켰으면

-2017.2.15. SBS '대선주자 국민면접'에서

창의와 자율이 핵심인 첨단과학기술 시대에 장시간의 억지 노동은 어울리지 않는다. 첨단기술사회로 가려면 노동시간을 줄이고 주4.5일제를 거쳐 주4일 근무국가로 나아가야 한다.

-2025.2.10. 교섭단체 대표연설에서

정당한 파업에 대해서 손해배상, 가압류 소송을 남발해서 노동3권을 무력화시키는 문제를 이제 바로잡을 때입니다. 헌법상의 기본권인 노동자들의 단체행동권을 보장하는 합법파업보장법을 반드시 만들어야 합니다.

    -2022.12.2. 더불어민주당 제1차 확대간부회의에서

'친노동자정권 수립' 여러분의 목표입니까? 친노동자 정권이 아니라 노동자정권을 만들어야 하는 것이 아닙니까? 여러분. 친노동자정권을 1차 목표로 하되 친노동자정권을 넘어서 노동자가 이 나라의 주인이 되는, 국가권력을 행사하는 노동자정권이 만들어지는 날까지 여러분과 함께하겠다는 약속을 먼저 드립니다.

    -2017.3.22. 한국노총 전국단위노조대표자대회 연설에서

최근 언론에서 논쟁되고 있는 성장 중심, 또는 우클릭 등의 얘기들에 대해서 너무 혹시라도 걱정 안 하셔도 된다는 말씀을 꼭 드리고 싶다.

    -2025.2.21. 한국노총-더불어민주당 대표 간담회에서

저번 박근혜 탄핵 사태 때도 그랬고 이번 윤석열 대통령 탄핵 사태에서도 우리 민주노총이, 또 조합원 여러분들이 가장 큰 역할을 훌륭하게 잘 수행해 내신 것 같습니다. 더불어민주당의 당원들과 함께 진심으로 감사하단 말씀 드립니다. 수고 많으셨구요. 여러분의 그런 노력들이 결코 헛되지 않게 최선을 다하겠습니다.

-2025.2.21. 민주노총·민주당 이재명 대표 간담회에서

5장.
외교·안보

일상의 안전을 강화하고 성장의 토대를 마련하겠습니다

대한민국은 세계 유일의 분단국가입니다. 한반도 평화는 국민의 안전과 우리나라 경제에 직결되는 핵심 과제입니다. 하지만 지난 정부 동안 9.19 군사합의는 무력화됐고, 남북 간 공식 대화는 끊겼으며, 북한은 '적대적 두 국가'를 선언했습니다. 한반도 긴장은 고조됐고, 국민 불안은 커졌으며, 국가 경제는 후퇴했습니다.

남북관계가 악화되면서 접경지역 주민들은 매일을 불안 속에 살고 있습니다. 대남방송과 오물풍선 살포, 높아진 군사적 충돌 위험은 주민의 생명과 일상을 위협하고 있습니다.

국가는 국민이 안심하고 일상을 영위할 수 있고, 경제가 흔들리지 않도록 든든한 울타리 역할을 해야 합니다.

군사적 긴장 완화와 남북 간 신뢰 복원이 시급합니다.
9.19 군사합의를 복원하고, 대북전단과 오물풍선, 대북·대남 방송을 상호 중단해 접경지역의 평화와 안전을 지키겠습니다. 남북군사공동위원회를 구성하고, 소통 채널을 복원해 군사적 충돌을 비롯한 남북관계 리스크를 안정적으로 관리하겠습니다. 남북이 교류협력을 재개하도록 모색하고, 상호 신뢰를 다시 세우겠습니다.

접경지역 주민의 일상 회복을 위한 법을 조속히 집행하고 예산도 신속히 편성 집행하겠습니다.
최근 통과된 '민방위기본법'을 조속히 시행해 접경지역 주민들이 겪는 신체적·정신적 스트레스에 대한 빠른 보상을 이뤄내겠습니다. 예산

집행도 속도를 내 소음피해로 인한 주민들의 고통을 덜어 줄 방음시설 설치를 지원하겠습니다.

평화경제특구 지정으로 접경지역의 경제를 살리겠습니다.

분단 이후 특별한 희생을 감내해 온 접경지역 주민들께는 특별한 보상이 필요합니다. 평화경제특구를 지정해 접경지역 경제에 활력을 불어넣겠습니다. 나아가 기회발전특구 지정을 적극 검토하겠습니다. 남북 교류 관문으로서 인프라를 확충하고, 산업 역량을 강화하겠습니다. 신산업을 육성하고, 앵커기업(선도기업)을 유치해 평화 거점도시로 육성시키겠습니다.

불필요한 규제를 과감히 개선하여 접경주민의 재산권을 보장하겠습니다.

경기도 접경지의 약 42%, 강원도의 50.2%가 군사시설 보호구역입니다. '작전수행' 명목으로 군이 사유지를 점유해 주민들의 재산권이 침해받고 금전적 손해 등의 피해가 계속되고 있습니다. 군 작전상 제한이 없는 군사시설 보호구역은 합리적으로 조정하고, 불필요한 군 방호벽은 철거하겠습니다. 행정절차는 지자체로 위탁해 간소화하겠습니다. 국가를 위한 일방적인 희생이 더는 반복되지 않게 국가가 나서겠습니다.

지난 4월 25일 접경지역 주민들께서 제안하신 경제, 안보, 교육, 정주여건, 관광산업 발전 과제도 신속히 검토해 추진 방안을 마련하겠습니다.

불안이 아닌 평화, 지역경제 후퇴가 아닌 발전을 위해 최선을 다하겠습니다. 접경지역 주민의 평온한 일상과 더 나은 삶, 평화가 바탕이 된 더 나은 미래를 위해 이재명이 앞장서겠습니다.

이제부터 진짜 대한민국, 지금은 이재명입니다.

2025년 5월 2일

한반도 평화를 위한 여정, 멈추지 않겠습니다

7년 전 남북 정상은 판문점에서 마주 앉았습니다.

전쟁 없는 한반도와 공동 번영을 위한 역사적인 공동선언문을 채택했습니다.

문재인 대통령과 김정은 위원장이 함께 판문점 군사분계선을 넘는 모습은 우리 국민과 동포는 물론, 세계 시민들에게 큰 감동을 주었습니다.

그러나 지금, 적개심과 강경 일변도의 대북 정책으로 남과 북의 소통은 단절되고 신뢰가 훼손됐습니다.

한반도를 둘러싼 대외환경 또한 녹록지 않습니다.

다시 시작해야 합니다.

한반도 평화는 우리에게 선택이 아닌 생존을 위한 절체절명의 과제이기 때문입니다.

남북 간 긴장과 불확실성이 계속되는 한, 대한민국은 '코리아 디스카운트'의 굴레에서 벗어날 수 없습니다.

평화가 없으면 성장도 할 수 없습니다.

남북이 다시 대화하고, 협력하며, 신뢰를 쌓아야 합니다.

한 장 한 장 평화의 벽돌을 쌓아 퇴행의 역사를 극복하고, 평화의 길을 다시 넓혀가야 합니다.

우리에게는 진보와 보수가 서로 이어 달리며, 한반도 평화를 향해 담대하게 도전하고 성과를 이뤄낸 경험과 역량이 있습니다.

국제 정세가 요동치고 있지만, 위기는 동시에 기회이기도 합니다.

트럼프 행정부와 긴밀히 공조하고 주변국들과 협력하며 국익을 위한 실용외교를 펼쳐간다면, 우리는 다시 기회를 잡을 수 있습니다.

코리아 리스크$_{risk}$를 해소하고, 코리아 디스카운트$_{discount}$를 극복할 수 있습니다.

한반도 평화는 군사적 긴장 완화를 넘어 남북 모두의 사회·경제적 비용의 절감과 동아시아 협력 및 공동 번영을 촉진할 것입니다.

북한 또한 한반도 평화가 모두가 함께 사는 길임을 깨닫고 대화를 통해 신뢰를 회복하고 긴장을 완화하도록 노력해야 합니다.

우리에게 평화는 생존이고 번영입니다.

저, 이재명은 흔들림 없이 평화의 길, 성장의 길을 걸어가겠습니다.

국민과 함께라면, 반드시 해낼 수 있습니다.

감사합니다.

2025년 4월 25일

어록

매국노 처단의 첫 길은 퇴진 탄핵. 한일군사정보보호협정 체결… 이 매국의 현장을 목격하는 마음 처참합니다. 군사적 측면에서 보면 여전히 일본은 적성국가이며, 일본이 군사대국화할 경우 가장 먼저 공격대상이 될 곳은 한반도임이 자명합니다. 그런 일본에 군사정보를 제공하고 일본군대를 공인하는 군사협정이라니…

-2016.11.23. 페이스북에서

미군 철수를 우리가 각오하고 이제는 대비해야 된다. 미군은 대한민국을 지키기 위해서 와 있는 붙박이 군대가 아니다. 소위 신속기동군이라고 해서 동아시아 지역에 어디든지 필요하면 떠날 것이다. 독립국가임에도 계속 이렇게 외국군대에 의존하고 전시작전통제권까지 외국한테 줘놓고 자체작전을 못하는 이런 나라가 세상에 어디 있나.

-2017.1.3. CBS '김현정의 뉴스쇼'에서

이명박·박근혜 정부는 한미관계를 종속관계로 전락시키고 말았다.

2017.1.20. 이재명 저 『이재명, 대한민국 혁명하라』에서

세계에서 독립 주권국가가 군사작전권을 다른 나라에 맡긴 예가 없지 않으냐. 주권의 핵심 요소 중에서 핵심이 군사주권, 그중에서 작전권 아니겠느냐. 이걸 맡겨뒀다는 것도 상식 밖의 일이고 예외적인 상황. 당연히 전작권은 최대한 신속하고 빠르게 환수해야 한다.

-2021.12.30. 한국신문방송편집인협회 토론회에서

(문재인 정부의 이른바 '3불 정책'에 관해) 적정하다고 생각한다. 중국과 경제 협력관계 때문. 왜 중국의 반발을 불러일으켜 경제를 망치려 하나.

-2022.2.3. 방송 3사 합동초청 대선후보 토론에서

우크라이나에서 6개월 된 초보 정치인이 대통령이 되어 나토 가입을 공언하고 러시아를 자극하는 바람에 결국 충돌했다.

-2022.2.25. 제20대 대통령선거 후보자토론회에서

한미일 군사훈련을 하면 일본 자위대를 정식 군대로 인정하는 것으로 보일 수 있지 않나. 외교 참사에 이은 국방 참사이며 이야말로 극단적 친일 행위, 극단적 친일 국방.

-2022.10.7. 더불어민주당 제16차 최고위원회의에서

한미일 훈련을 핑계로 자위대의 군홧발이 다시 한반도를 더럽히는 일이 발생할 수 있다.

-2023.3.11. 강제동원 해법 감행규탄 2차 범국민대회에서

시찰단이 일본에서 한 일이라고는 언론의 눈을 피해서 숨바꼭질하고 도망 다닌 것뿐입니다. 애초부터 검증 의지는 없었고 오로지 들러리 서 주겠다는, 일본의 방패막이가 되겠다는 의지밖에 없었던 것 같습니다. 대통령이 직접 어떤 경우에도 후쿠시마 농수산물 수입 재개하지 않는다고 엄명해야 합니다.

-2023.5.26. 더불어민주당 제112차 최고위원회의에서

러시아에, 우크라이나에, 우리가 왜 끼나?

-2024.3.22. 충남 당진시장에서

일본이 넘어서는 안 될 선을 넘었다. 핵 오염수 방류는 태평양 연안 국가에 대한 전쟁을 선포한 것.

　　　　　-2023.8.26. 후쿠시마 원전오염수 투기 중단 범국민대회에서

왜 중국을 집적거리려요. 그냥 셰셰. 대만에도 셰셰. 이러면 되지. 양안 문제, 우리가 왜 개입하냐. 대만해협이 뭘 어떻게 되든, 중국과 대만 국내 문제가 어떻게 되든 우리가 뭔 상관 있나. 그냥 우리는 우리 잘 살면 되는 것 아닌가.

　　　　　　　　　　　-2024.3.22. 충남 당진시장에서

(주한미군 주둔비 관련) 쉽게 말해서 봉이 되고 있다는 거죠. 여기다가 또 2배 더 올리면 어떻게 되겠어요. 저는 일본 정도로 맞춰야 되지 않나 생각합니다.

　　　　　　　　　-2017.1.3. CBS 라디오 '김현정의 뉴스쇼'에서

아무리 비싸고 더러운 평화도 이긴 전쟁보다는 낫다.

　　　　　-2017.1.20. 이재명 저 『이재명, 대한민국 혁명하라』에서

사드는 일방적으로 미국에 이익될 뿐 한국안보에는 크게 도움이 안 되고 안보와 경제 측면에서 피해가 큽니다. 사드 관련 문재인 대표님 입장이 당초 설치반대에서 사실상 설치수용으로 왜 바뀌었는지 설명이 필요합니다. 한반도 운명에 지대한 영향이 있는 이런 심각한 문제에 대해 충분한 설명도 없이 오락가락하는 건 국민 특히 야권지지자들을 혼란에 빠트리는 것입니다.

-2017.1.15. 페이스북에서

저는 명백하게 사드 배치는 대한민국 국익에 도움이 안 되는 거기 때문에 원점에서 재검토해서 철회해야 한다는 입장이 분명합니다.

-2017.3.6. 중국중앙방송$_{CCTV}$ 인터뷰에서

(사드배치 관련) 번갯불에 콩 볶아먹는단 생각이 들었다. 뭔가 흑막이 있거나 정상적이 아니라 비정상적으로 뭔가 다른 목적들을 가지고 있는 게 아닌가 의심이 들 정도로 너무 서두르고 있다.

-2017.3.8. YTN 라디오 '신율의 출발 새아침'에서

한반도의 종전선언 문제는 이미 남북 최고 정상 간에 두 차례나 합의 됐던 사항이기도 합니다. 그리고 어떤 이유에서라도 형식적 전쟁상태 라도 종결하는 게 맞다고 본다. 지금 정전상태 아닙니까 법적으로는? 한반도 전쟁 피해당사자는 우리이기 때문에 우리가 주도해서 이미 합 의한 종전선언은 최대한 빨리하는 게 좋겠다.

-2021.12.30. 한국신문방송편집인협회 토론회에서

제 아내 고향 충청도에 사드 같은 흉악한 것 말고 보일러를 놔 드리겠 습니다.

-2022.2.15. 대전 으능정이 거리에서

안보를 이용해서 한반도의 긴장을 심화시키고, 선제타격 얘기하고, 중 국을 비방하고, 이런 위기를 증폭해서 자신들의 정치적 이익을 획득하 려하는 안보 포퓰리즘. 이게 나라를 망치는 길입니다.

-2022.2.5. 부산 해운대 이벤트광장에서

선제 타격하겠다고 위협해서 갈등을 고조시키고, 수도권에 사드가 왜 필요합니까? 위기를 조장해 표를 얻겠다고 하는 신형 북풍, 신종 총풍입니다 여러분. 이런 것만 막아도 주가지수 5000은 얼마든지 만들 수 있습니다.

-2022.2.17. 서울 노원구 유세 현장에서

수백만이 죽고 전 국토가 초토화됐던 6.25 전쟁도, 어느 날 갑자기 우연히 일어난 것이 아닙니다. 38선에서 크고 작은 군사충돌이 누적된 결과였음을 결코 잊지 말아야 합니다.

-2024.1.31. 더불어민주당 2024년 신년 기자회견에서

우크라이나 전쟁에서도 보면 거의 드론 전쟁인데 수십만 젊은 청년들이 왜 군대에 가서 저렇게 막사에서 앉아가지고 세월을 보내고 있나… 저게 과연 진정한 국방력이고 전투력일까.

-2025.3.2. 유튜브 채널 '오피큐알$_{OPQR}$'에서

6장.
사회·문화·환경

국민의 생명과 안전을 최우선으로 하는 나라,
보다 안전하고 안심할 수 있는 진짜 대한민국을 만들겠습니다

11년 전 오늘 있었던 세월호 참사는 304명이 희생된 1개의 사건이 아니라, 우리 곁의 소중한 가족과 이웃 304명을 잃은 304건의 참사였습니다.

세월호 참사는 우리에게 물었고, 지금도 묻고 있습니다. 도대체 '국가란 무엇인가?', '국가는 왜 존재하는가?' 국가가 당연히 국민을 지켜주리라 믿었지만 신뢰가 산산조각 났습니다.

대한민국은 세월호 이전과 이후로 나뉘었습니다. 참사의 아픔을 통해 달라졌어야 했습니다. 하지만 이태원 참사, 오송 지하차도 참사, 제주항공 참사 등 국가가 책임을 다하지 않은 대형 참사가 끊이지 않고 있습니다.

국민의 생명과 안전을 지키는 것은 국가의 책임입니다. 바로 세우겠습니다. 참사로 희생된 국민의 아까운 목숨이 헛되지 않고, 더는 유가족들이 차가운 거리에서 외롭게 싸우지 않도록, 국가의 책무를 다하겠습니다.

국민 안전 국가관리체계를 고도화하겠습니다. 대통령실을 국가안전재난·안전 관리 컨트롤 타워로 복원하고, 국가의 안전 책무를 법률에 명시하겠습니다. 현장 중심 재난 지휘권을 강화하고, 국민 참여 생활 안전 협력 거버넌스를 구축하겠습니다.

재해·재난 예방과 대응도 더 촘촘히 하겠습니다. 산불, 수해, 땅꺼짐(싱크홀), 항공사고 등 자연·사회재난 전반에 대한 통합 대응 체계를 마련하겠습니다. 하수관 정비 등 도시형 물관리 시스템을 정비하고,

대규모 행사와 교통사고 예방도 사전에 체계화하겠습니다.

　피해복구와 보상을 강화하겠습니다. 유가족의 목소리를 제도적으로 반영하고, 중대 피해에 대한 재난 보상을 강화하겠습니다. 국민의 고통에 끝까지 함께하겠습니다.

　국가의 무능과 무책임으로 희생되신 모든 분의 명복을 빕니다. 지금도 상실의 슬픔에 마음을 다 여미지 못한 유가족분들께 깊은 위로의 말씀을 드립니다.

　국민의 생명과 안전보다 소중한 가치는 없습니다. 그 책임을 끝까지 지겠습니다.

　이제부터 진짜 대한민국, 지금은 이재명입니다.

2025년 4월 16일

문화강국, 글로벌 소프트파워 BIG5로 거듭나겠습니다

오징어 게임이 세계인을 놀라게 하고 마침내 한강 작가는 노벨상을 수상했습니다. 가난한 시절 제주도를 배경으로 한 우리 드라마에 세계인이 눈물을 펑펑 흘립니다.

대한민국에서 통하면 세계에서도 통합니다.

대한국민의 안목이 세계의 기준이 되고 있습니다.

김구 선생이 꿈꾸었던 문화강국이라는 미래가 지금 바로 우리 눈앞 가까이에서 펼쳐지고 있습니다.

문화예술 산업계 종사자들이 일궈낸 K-콘텐츠 열풍, 국가가 날개를 달아드리겠습니다.

소프트파워 BIG 5, 확고한 문화강국으로 거듭나겠습니다.

우리 문화재정은 올해 기준 국가 총지출의 1.33%에 불과합니다. 문화강국에 부합하는 수준으로 대폭 늘리겠습니다. K-푸드, K-뷰티, K-팝, K-드라마, K-무비, K-웹툰의 세계 시장 진출을 전폭 지원하겠습니다. 2030년까지 시장 규모 300조 원, 문화수출 50조 원 시대를 열겠습니다.

K-콘텐츠 창작 전 과정에 국가 지원을 강화하겠습니다.

K-컬처 플랫폼을 육성해 콘텐츠 제작부터 글로벌시장 진출, 콘텐츠 유통까지 전 단계를 체계적으로 뒷받침하겠습니다.

영상 제작에 필요한 버츄얼 스튜디오 등 공공이 제작 인프라를 적극 확충해가겠습니다.

문화예술 R&D, 정책금융, 세제 혜택 등 전방위적 인센티브를 확대해 K-콘텐츠 산업의 지속가능한 성장을 지원하겠습니다.

웹툰산업도 K-컬처의 핵심축으로 육성하겠습니다.

영상 콘텐츠에 적용되는 세제 혜택을 웹툰 분야까지 확대하고, 번역과 배급, 해외마케팅을 아울러 중소기업의 해외 진출도 적극 지원하겠습니다.

문화예술인이 창작에만 전념할 수 있는 환경을 조성하겠습니다.

문화예술 인재 양성과 지원제도를 확대하고, 이를 뒷받침할 전문조직 설립도 추진하겠습니다.

콘텐츠 불법유통을 단호히 차단하고, 해외 불법 사이트는 국제공조로 대응해 지식재산권을 단단히 보호하겠습니다.

문화예술인에게 창작비와 창작 공간 등을 제공해 창작활동에만 집중할 수 있는 안정적 생태계를 구축하겠습니다.

인문학 지원을 강화해 문화강국의 토대를 견고히 하겠습니다.

인문학적 소양은 창작의 원천이며, 그 자체로도 문화예술의 중요한 자원입니다.

인문학 창작·출판 지원 범위와 규모를 대폭 확대하고, 비판적 사고력, 창의력, 인문학적 소양을 키울 수 있는 인문학 교육을 활성화하겠습니다.

김대중 전 대통령께서는 '21세기는 문화의 시대이며, 문화산업은 21세기의 핵심 산업이 될 것이다.'라고 말씀하셨습니다.

선대들은 늘 문화강국의 꿈을 꾸셨고, 지금 우리에게 그 꿈을 현실로 만들 능력이 있습니다.

진짜 대한민국 그 꿈에 날개를 달겠습니다.

문화강국, 이제부터 진짜 대한민국입니다, 지금은 이재명입니다.

2025년 4월 18일

지구를 위한 약속, 지속가능한 대한민국으로 나아가겠습니다

오늘은 55회 지구의 날입니다.

죽어가는 지구를 되살리고자 시작된 기념일이지만, 우리 현실은 우려스럽기만 합니다.

글로벌 비영리단체 기후행동네트워크$_{CAT}$가 작년 11월 공개한 '기후변화대응지수$_{CCPI}$'에서 우리나라는 67개국 중 63위였습니다. 산유국을 제외하면 꼴찌 수준입니다.

기후 위기는 모두의 생존 문제가 되고 있지만 시간이 갈수록 상황은 악화되고, 위기를 막을 시간도 줄어들고 있습니다.

"지구는 미래 세대에게 빌려온 것"이라는 말이 있습니다.

하나뿐인 지구는 우리가 살고 있는 현재를 넘어, 우리 아이들과 미래에 영향을 미치기 때문입니다. 우리의 환경을 지키기 위해 지금 당장 할 수 있는 방안을 마련하겠습니다.

온실가스 감축으로 '기후 악당국가'라는 오명을 벗겠습니다.

2030년 온실가스 감축목표를 달성하고, 2035년 이후의 감축 로드맵도 빠르게 재정립하겠습니다.

2028년 제33차 기후변화협약 당사국총회$_{COP33}$ 유치로 환경 분야에서도 세계에 모범이 되는 'K-이니셔티브'를 만들겠습니다.

국민이 참여하는 탄소감축 실천에 대해 확실한 인센티브를 제공하겠습니다.

대한민국을 탈 플라스틱 선도 국가로 만들겠습니다.

먼저 국가차원의 탈플라스틱 로드맵을 수립하겠습니다.

말 그대로 '알맹이'만 팔아서 쓰레기를 줄이는 '알맹상점'처럼, 국민들이 자발적으로 만드는 순환 경제 거점 인프라를 지원하겠습니다.

중장기적으로 바이오 플라스틱 산업을 전략 육성하고, '소비자 수리권' 보장으로 생활 속 자원순환 경제를 만들겠습니다.

미세먼지 없는 하늘을 국민께 돌려드리겠습니다.

2040년까지 석탄 발전을 폐쇄하고 전기차 보급 확대로 미세먼지를 획기적으로 줄이겠습니다.

일본, 중국 등 주변국과 미세먼지 저감을 위해 협력하겠습니다.

한반도 생물다양성을 회복하고 지키겠습니다.

산불 발생 지역 생물다양성 복원에 집중하겠습니다.

육지와 해양의 생물다양성 보호구역을 단계적으로 확대하고, 국가 생물다양성위원회의 기능을 대폭 강화하겠습니다.

오늘 저녁 저와 함께 우리 모두 10분간 불을 끄고 하늘의 별을 찾아봅시다.

이제부터 진짜 '지속가능한' 대한민국, 오늘은 '지구를 지키는' 이재명입니다.

2025년 4월 22일

어록

사회 중요 과제에 대해 나도 전과자다. 범법하는 때도, 범법자로 몰릴 때도 있다. 투쟁 양식이 선을 넘을 때 그게 옳은지 그른지는 각자가 판단하는 것. 공동체에서 협의된 룰의 일부를 어기면서 주장을 세상에 알리는 것조차 그럴 수 있다. 나는 그런 식의 삶을 응원한다. 나도 그랬다.
　　　-2021.11.16. 청소년·청년 기후활동가 및 대학생 간담회에서

TV조선에 전면전을 시작합니다… TV조선을 반드시 폐간시키고 말겠습니다… 명백한 허위보도에 대해 엄정한 책임을 묻고 민주공화국을 마비시키는 독극물 조작언론을 반드시 폐간시키겠습니다.
　　　　　　　　　　　　　　　-2017.1.1. 페이스북에서

부정한 정치권력이나 이 나라를 범죄집단이 지배하는 범죄국가로 만든 책임은 TV조선사의 악성언론에 있다. 공정국가를 위한 공정언론을 만들기 위해서 반드시 뿌리를 뽑고 말겠다.

-2017.1.2. 페이스북에서

질 낮은 정치하는 일부 언론… 친구님들, 부탁 하나 드립니다: 이런 언론 기사에는 댓글 하나 공감 한번씩만 눌러 쓰레기 기사임을 국민도 안다는 걸 보여 주십시오.

-2020.8.29. 페이스북에서

(언론중재법 개정안을 두고) 5배로는 약하다. 고의적 악의적 가짜뉴스를 내면 언론사를 망하게 한다고 생각할 정도로 강력히 징벌해야 한다.

-2021.8.2. 충북지역을 방문한 자리에서 가진 기자간담회에서

조선일보는 민주당 경선과 대한민국 대통령 선거에서 손을 떼세요.

-2021.9.14. 대장동 개발 특혜 관련 국회 기자회견에서

카톡이 가짜뉴스 성역입니까? 가짜뉴스는 민주주의의 적입니다. 무슨 수를 쓰더라도 반드시 뿌리를 뽑아야 합니다. 이 가짜뉴스에 기생하고 가짜뉴스에 기대서 이 나라 질서를 어지럽히는 행위에 대해서는 우리 민주당의 역량을 총동원해서 엄중하게 책임을 묻고 반드시 이 사회에서 퇴치하도록 하겠습니다.

-2025.1.13. 더불어민주당 제64차 최고위원회의에서

검찰이라고 하는 국가 권력기관이 사건을 조작하고, 엉터리 정보 제공하면 그걸 열심히 받아쓰고 조작은 하지만, 그에 반하는 객관적인 사실이 나오더라도 여러분은 전혀 그 점에 대해 관심을 안 갖습니다. 여러분들은 진실을 보도하기는커녕 마치 검찰의 애완견처럼 주는 정보 받아서 열심히 왜곡·조작하고 있지 않습니까. 이런 여러분들 왜 보호받아야 합니까?

-2024.6.14. 재판 출석 전 서울중앙지법 앞에서

7장.
지역

1. 수도권

세계를 선도하는 K-수도권,
국제 경제와 문화의 중심으로 우뚝 세우겠습니다

　대한민국의 관문 서울·인천·경기는 전통과 현대, 역사와 첨단이 자연과 어우러져 있습니다.
　대한민국 대표를 넘어 규모와 경쟁력을 갖춘 세계 도시 서울, 대한민국은 인천을 통해 세계로 뻗어 나가고, 세계는 인천을 통해 대한민국을 만납니다.
　첨단산업과 글로벌 공급망의 주요 거점인 경기는 나날이 새로운 변화를 만들어 가고, 과거의 역사를 오늘에 되살려 세계에 평화의 의미를 전하는 접경지역 역시 수도권에 포함하고 있습니다.
　대한민국의 대표주자, 서울·인천·경기가 중심이 되어 대한민국의 운명을 개척해야 합니다.
　세계 모범을 따라가는 추격국가에 안주하지 말고 세계를 주도하는 선도국가로 거듭나야 합니다.
　세계적인 도시 서울, 세계를 만나는 관문 인천, 세계의 미래가치를 만드는 경기가 함께 한다면, 진짜 대한민국은 꿈이 아닌 현실이 될 것입니다.
　서울을 뉴욕에 버금가는 글로벌 경제수도로, 인천을 물류와 바이오산업 등 K-경제의 글로벌 관문으로, 반도체와 첨단기술, 평화·경제의 경기로, 수도권 K-이니셔티브를 만들겠습니다.
　첫째, 아시아를 넘어 세계 경제의 중심으로 나아가겠습니다.

서울은 뉴욕, 런던, 파리와 경쟁하는 글로벌 경제수도로 도약해야 합니다.

여의도 금융허브와 용산 국제업무지구를 하나로 연결해, 글로벌 자본과 기업들이 모이는 세계적 금융·비지니스 거점으로 만들겠습니다.

홍릉과 상계는 바이오메디컬 클러스터로, 세운상가, 남대문, 동대문, 성수동은 도심제조업 밸리로, 구로, 금천, 테헤란로, 양재는 AI·IT 산업 밸리로 재편해, 기회와 혁신이 넘치는 산업 거점으로 만들겠습니다.

경기도를 세계 반도체 산업 중심지로 키우겠습니다.

성남, 수원, 용인, 화성, 평택, 안성에 조성되는 반도체 메가 클러스터는, 연구개발부터 설계, 테스트, 생산까지 아우르는 완결형 생태계가 될 것입니다.

이에 필요한 투자 인센티브를 제공하고 전력, 용수 공급 등 지원을 강화해 조속히 완성하겠습니다.

판교, 광교, 안산, 양주, 고양 등 테크노밸리는 IT와 바이오, 게임과 자율주행, 방위산업 등으로 특화하고, 각 시·군 산업단지와 연계해 글로벌 경쟁력을 높이겠습니다.

경기 북부는 국가가 주도해 산업과 SOC 대개발을 과감히 추진하겠습니다.

오랫동안 발전의 혜택에서 소외된 접경지역에는 평화경제특구를 조성해, 평화산업과 녹색산업을 육성하겠습니다.

미군 반환 공여지와 주변 지역도 국가 지원을 확대하겠습니다.

해당 지역에 이전·신설하는 기업에는 세제 혜택과 규제 완화 등, 각종 인센티브를 제공해 국가안보를 위한 희생에 합당한 보상을 하겠습니다.

경기 동부는 수도권 규제를 합리적으로 조정해 경제 기반을 확대하겠습니다.

인천은 공항과 항만, 배후도시를 연계한 글로벌 물류 허브를 목표로 지원하겠습니다.

송도, 영종도, 시흥 일대는 첨단 연구개발과 생산을 아우르는 세계적인 바이오 메가 클러스터로 키우겠습니다.

남동, 반월, 시화 등 노후산업단지는 한국형 스마트 그린산단으로 재정비하고, 영종도에는 항공산업특화단지를 조성해 지속가능한 미래산업 생태계를 구축하겠습니다.

둘째, 수도권을 세계적인 문화수도로 만들겠습니다.

대한민국의 문화가 세계의 문화가 되고 있습니다. 수도권이 그 중심에서 세계 문화 수도로의 도약을 이끌게 하겠습니다.

600년의 역사와 마천루 숲이 조화롭게 공존하는 서울의 도시문화, 바다로 세계와 연결되는 인천의 해양문화, 다양하고 역동적인 경기의 융합문화가, 글로벌 문화수도의 토대가 될 것입니다.

서울 상암, 도봉 등지에 K-콘텐츠 산업 인프라를 확충하겠습니다.

경기 파주, 고양, 판교, 부천 등 K-콘텐츠 산업을 세계 문화콘텐츠의 중심으로 도약시키겠습니다.

인천항은 동북아 '모항 크루즈' 기반을 강화하고, 인천 영종도·청라에 영상문화 복합클러스터를 조성해, 인천항과 인천공항을 K-컨텐츠 산업과 국제 콘텐츠 교류의 관문으로 만들겠습니다.

서울, 경기, 인천의 MICE 산업 경쟁력을 높이고, 인천 송도 등에는 UN 산하기구를 비롯한 국제기구를 유치해, 국제회의, 전시·관광·비즈니스가 어우러지는 글로벌 교류의 중심지로 육성하겠습니다.

해사법원은 부산과 인천 두 곳에 본원을 설치하고, 인천에 설치될 법원은 국제 해사 사건 전문법원으로 특화 발전시키겠습니다.

DMZ 일대는 생태·관광협력지구로 개발해 남북 평화교류의 실질적 기반을 마련하고, 세계인이 찾아 의미와 재미를 모두 추구할 수 있는 평화관광 명소로 조성하겠습니다.

셋째, 미래형 스마트도시를 구축하고 생활 인프라를 확충하겠습니다.

1기 신도시(분당, 일산, 산본, 중동, 평촌)는 노후 인프라를 전면 재정비해, 도시 기능과 주거 품질을 함께 높이겠습니다.

수원, 용인, 안산과 인천 연수·구월 등 노후 계획도시 정비도 적극 지원하겠습니다.

서울의 노후 도심은 재개발·재건축 진입장벽을 낮추고, 용적률 상향과 분담금 완화를 추진하겠습니다.

교통이 편리한 제4기 스마트 신도시 개발을 준비해, 청년과 신혼부부 등 무주택자에게 쾌적하고 부담 가능한 주택을 공급하겠습니다.

공공청사와 유수지 등 유휴 국공유지는 공공주택과 녹지, 생활 편의시설이 어우러진 복합 공간으로 조성하겠습니다.

지역 단절로 상권을 약화시키고 소음과 분진으로 피해를 주는 철도와 고속도로는 단계적으로 지하화하겠습니다.

여러 지자체를 관할하는 통합교육지원청은 소관 교육청과 협의로 조속히 분리해 교육환경을 개선하겠습니다.

주민 건강을 책임지는 거점 공공의료원을 확충하고, 의료 인력을 확보해 필수·응급(어린이, 산부인과) 의료서비스를 강화하겠습니다.

넷째, 수도권 주요 거점을 1시간 경제권으로 연결하겠습니다.

서울, 경기, 인천은 통합된 하나의 경제공동체가 되어야 합니다.

GTX-A·B·C 노선은 지연되지 않게 추진하고, 수도권 외곽과 강원까지 연장도 적극 지원해, GTX 소외지역을 줄여 가겠습니다.

GTX-D·E·F 등 신규 노선은 지역 간 수요와 효율성을 고려해 단계적으로 추진하고, 경기도가 제안한 GTX플러스 노선도 적극 검토하겠습니다.

인천과 경기, 강원을 경강선으로 연결하고, 경기 북부 접경지까지 KTX(파주)와 SRT(양주)를 연장 운행하겠습니다.

강화에서 경기 북부와 강원 고성을 연결하는 동서평화고속화도로와 서울과 연천을 잇는 서울~연천고속도로를 적극 추진해 남북협력시대를 대비하겠습니다.

지자체의 주요 광역교통 계획과 국책사업을 유기적으로 연계해 촘촘한 교통망을 구축하겠습니다.

서울·인천·경기가 각각의 장점을 최대화하고 수도권이라는 시너지로 융합될 때, 대한민국은 미래를 향해 달릴 수 있습니다.

대한민국이 세계를 주도할 수 있습니다.

서울의 글로벌 경제력, 경기의 첨단 산업력, 인천의 국제 물류 경쟁력을 하나로 묶어, 세계를 이끌고, 세계가 따르고 싶은 '국제 경제·문화 수도권'으로 도약하겠습니다.

이제부터 진짜 대한민국, 지금은 이재명입니다.

2025년 4월 25일

제21대 대통령선거 후보자 선출을 위한
서울·경기·인천·강원·제주 합동연설 (발췌)

대한민국 경제발전은 인천을 빼놓고 말할 수 없습니다.

제가 살고 있는 인천은 근대화의 문을 열고 모든 것을 받아들이는 해불양수의 역사적인 도시입니다.

대한민국 근대화와 경제발전의 뿌리인 인천을 국제물류와 교통 중심지로 만들어서 성장과 회복의 견인차로 만들어 가겠습니다.

세계의 순위를 다투는 광역도시 서울은 경제, 문화 중심으로 손가락에 꼽을 국제도시로 발전하게 될 것입니다.

사랑하는 국민 여러분, 존경하는 당원동지 여러분, 오는 6월 3일 인수위도 없는 새 정부가 곧바로 출범합니다.

당선자는 당선발표와 동시에 숨도 돌릴 틈 없이 곧바로 난파선의 키를 잡고 위기의 삼각파도를 넘어가야 합니다.

대한민국에는 지금 바로 투입할 수 있는 유능한 선장, 준비된 대통령이 필요합니다.

저 이재명은 위기를 기회로 만들면서 역경을 넘어 이 자리에 서 있습니다.

말이 아니라 행동으로, 실력으로 실적을 쌓아서 국민 여러분께 증명해오지 않았습니까?

똑같은 성남시 공무원이고 똑같은 경기도 공직자들인데 이재명과 함께 일하면 이전과는 전혀 다른 색다른, 확실한 결과를 만들어 낸 것 보시지 않았습니까?

저 이재명에게 기회를 주시면 100만의 공직자들과 함께 완전히 새로운 대한민국, 진짜 대한민국을 확실하게 보여드리겠습니다.

똑같은 조선인데 무능하고 무책임한 선조는 환란을 불러 수백만 백성을 죽음으로 몰았지만, 유능하고 충실한 애민군주 정조는 한때나마 조선을 동아시아 최고로 부흥시켰습니다.

한 사람의 최고 공직자가 어떻게 나라를 망치는지 우리가 체험하지 않았습니까.

한 사람의 최고 공직자가 어떻게 희망의 세상을 만들 수 있는지 실천과 결과로 확실하게 보여드리겠습니다.

작은 차이를 넘어 힘을 모으고, 회복과 성장, 통합과 국민행복에 매진해야 합니다.

우리가 살고, 후손들이 영원히 살아갈 이 대한민국은 기회를 놓치고 추락할 것인지, 기회를 잡아 다시 날아오를지 선택의 기로에 서 있습니다.

가보지 않은 길에 새 길을 내고 세계를 선도해 가겠습니다.

성남을 경기도의 표준으로 만든 것처럼, 경기도를 대한민국의 표준으로 만든 것처럼, 대한민국을 세계의 표준으로 만들어 보여드리겠습니다.

김대중·노무현·문재인을 계승해서 네 번째 민주 정부를 확실히 수립하겠습니다.

이재명에게 공직은 명예나 권력 누리는 자리가 아닙니다.

국민의 일꾼으로서, 국민을 위해 일할 수 있는 권한과 책임의 자리일 뿐입니다.

이재명 정부의 유일한 기준은 오로지 국민과 민생, 대한민국이 될 것입니다.

네 편, 내 편이 아닌 국민의 편이 될 것입니다.

색깔, 지역 무관하게 유능함만 쓸 것입니다.

예송논쟁 같은 허튼 이념논쟁에 빠지지 않고 국민과 나라를 위해서라는 실용적 관점에서 차이를 넘어, 통합으로 우리가 가진 잠재력을 최대치로 끌어내겠습니다.

경제 군사 문화 강국, 모범적 민주국가, 국민행복국가를 꼭 만들겠습니다.

작지만 큰 한민족, 평범한 사람들의 나라.

이름 그대로 '대한민국'을 함께 만들 준비 되셨습니까?

위대한 국민과 함께 이름만의 대한민국이 아니라 진짜 대한민국을 만들어야 합니다.

감히 여러분께 말씀드립니다.

저 이재명은 해냈습니다.

성남에서 했고, 경기도에서 했습니다.

그리고 민주당에서 했습니다.

이제 대한민국이 해야 합니다.

그래서, 지금은 이재명입니다!

2025년 4월 27일

2. 충청권

대한민국 균형발전의 심장, 충청을
행정·과학 수도로 만들겠습니다

충청은 국토의 중심이자 대한민국의 심장입니다.
수도권과 남부권을 잇는 전략적 요충지입니다.
충청의 심장이 힘차게 뛰어야, 대한민국 경제의 혈맥이 살아납니다.
수도권 집중으로 지역은 소외되고, 기회는 편중됐습니다.
국가가 나서야 합니다. 균형발전은 선택이 아닌 생존의 문제입니다.
충청에 맞는 산업을 배치하고, 과감한 투자로 새로운 미래를 만들어야 합니다.
저 이재명, 진짜 균형발전에 앞장서겠습니다.
충청을 '행정·과학 수도'로 조성해, 대한민국 균형발전의 중심축으로 삼겠습니다. 세종은 명실상부한 행정수도로, 대전은 세계적 과학수도로 만들겠습니다. 충북은 미래산업의 중심지로, 충남은 환황해권의 거점으로 완성하겠습니다.
첫째, 세종을 행정수도의 중심으로 완성하고 제2차 공공기관 이전을 조속히 추진하겠습니다.
국회 세종의사당과 대통령 세종 집무실을 임기 내 건립하겠습니다.
국회 본원과 대통령 집무실의 세종시 완전 이전도 사회적 합의를 거쳐 추진하겠습니다.
중단(2019년)된 공공기관 이전을 조속히 재개하겠습니다.
'무늬만 혁신도시'가 아닌 실질적 기능을 갖추겠습니다. 대전과 충남 혁신도시에는 지역 경쟁력을 고려한 공공기관을 유치하겠습니다. 충북혁신도시는 중부내륙 성장거점으로 키우겠습니다.

둘째, 대전을 한 차원 높은 과학 수도로 만들겠습니다.

대덕연구특구를 글로벌 과학기술 혁신클러스터로 전환하겠습니다.

글로벌 융합연구 네트워크를 강화하고, 인재 양성 인프라 확충을 지원하겠습니다.

삭감된 R&D 예산은 대폭 늘리고, 연구자와 기술자 정주 여건도 개선하겠습니다.

성과 지원을 두텁게 해 무너진 연구 생태계를 다시 일으키겠습니다.

셋째, 충청권에 첨단산업벨트를 구축하겠습니다.

대전(AI·우주산업)~세종(스마트행정)~충북(바이오·반도체·이차전지)~충남(디스플레이)을 잇는 유기적인 첨단산업벨트를 구축하겠습니다. 대전 대덕연구특구는 AI와 우주산업 중심지로 키우겠습니다.

'스마트시티 국가시범도시' 전략과 연계해 세종을 스마트·디지털 행정 허브로 자리매김하겠습니다.

충북은 K-바이오스퀘어를 조기 조성해 글로벌 바이오산업 클러스터로 육성하겠습니다.

이차전지·반도체사업 분야는 R&D와 인력 양성 인프라를 강화해 초격차 경쟁력 확보를 지원하겠습니다.

충남은 국제 경쟁력과 생산성을 갖춘, 미래형 디스플레이 산업 메카로 만들겠습니다.

국산화 기술개발을 지원하고, 핵심 소재·부품기업을 육성하겠습니다.

혁신공정 플랫폼 등 인프라도 갖춰 차세대 디스플레이 기술 확보를 지원하겠습니다.

보령·태안·당진에 있던 석탄화력발전소 폐쇄 지역을 태양광·풍력·그린수소 등 재생에너지 중심지로 전환하는 지역 지원 특별법을 추진하겠습니다.

논산, 계룡에 국방 관련 기관을 유치해 스마트 국방산업 발전을 지원하겠습니다.

넷째, 환황해권 해양관광벨트와 충북 휴양·힐링 관광벨트를 조성하겠습니다.

서해안 해양 생태를 복원하고, 가로림만 해양정원 조성을 지원하겠습니다.

해상교량 건설로 서해안 관광도로망을 완성하겠습니다.

서천 브라운필드는 재자연화를 거쳐 생태관광 명소로 탈바꿈시키겠습니다.

서산 부남호와 간월호는 해수 유통 등 역간척 사업으로 생태계를 복원하고, 해양신도시 개발도 함께 지원하겠습니다.

금강 하구에 해수를 들여 자연성을 회복할 수 있도록 입법과 제도개선으로 뒷받침하겠습니다.

충북 내륙은 휴양·힐링 관광벨트로 발전시키겠습니다.

도민의 뜻을 모아 미호강 수질을 개선하고, 청주 ~ 증평 ~ 진천 ~ 음성까지 이어지는 관광·휴양지 조성을 지원하겠습니다.

충주호와 단양8경은 호반 관광·휴양벨트로 연결하고, 소백산~속리산~장령산~민주지산을 잇는 백두대간 탐방벨트 조성도 지원하겠습니다.

다섯째, 청주공항을 확장하고, 사통팔달 광역 교통망을 구축하겠습니다.

청주국제공항에 민간전용 활주로를 신설해, 중부권 거점공항이 되도록 지원하겠습니다.

충남 서산~천안~청주~경북 울진을 잇는 중부권 동서횡단철도는 조기에 확정하겠습니다.

충북선·호남선 고속화를 서둘러 X자형 강호축 철도망을 완성하겠습니다.

대전~세종~오송~청주공항을 연결하는 충청권 광역급행철도$_{CTX}$는 적기에 착공하고, GTX의 천안·아산 연장도 신속히 추진하겠습니다.

잠실 또는 동탄에서 청주공항까지 이어지는 수도권내륙 광역철도도 빠르게 추진하겠습니다.

우선 사업 대상지로 선정된 대전조차장 부지를 시작으로, 대전 도심 철도 지하화를 단계적으로 추진하겠습니다.

서해대교 인근 교통정체 해소를 위해 제2 서해대교 건설을 적극 검토하겠습니다.

존경하는 충청권 시민, 도민 여러분!

저는 늘 현장에 답이 있다는 신념으로 '가능성'을 '현실'로 만들어 왔습니다.

자부심 넘치고 행복한 도시 충청을 만들겠습니다.

4개 시도가 하나 되어 통합경제권을 만들고 함께 성장할 수 있도록 적극 지원하겠습니다.

충청이 살면 대한민국이 살 것입니다.

이제부터 진짜 대한민국, 지금은 이재명입니다.

감사합니다.

2025년 4월 17일

제21대 대통령선거 후보자 선출을 위한 충청권 합동연설

존경하는 국민 여러분, 세종, 대전, 충남 충북의 시·도민 여러분, 충청의 사위, 이재명!

인사드립니다. 반갑습니다!

민주당 대선경선의 첫 시작을 이곳 충청에서 하는 것은 각별한 의미가 있습니다.

그것은 바로, 김대중, 노무현, 문재인 정부 모두 충청의 선택으로 탄생했기 때문입니다.

우리 충청의 선택으로 이번에 반드시 네 번째 민주정부가 탄생할 것이다 확신하는데 여러분, 동의하십니까?

당원동지 여러분, 대통령 후보 경선은 우리 민주당이 더 큰 민주당으로 확실하게 뭉치는 여정이자 본선 승리를 위한 필수과정입니다.

비전과 철학을 견주는 더 잘하기 경쟁으로 더 커지는 경선, 더 단단한 민주당이 되도록 확실하게 책임지겠습니다.

치열하게 토론하되 원팀 정신을 잃지 않겠습니다.

민주당은 이번 대선을 반드시 이겨야 하는 역사적 책임을 가지고 있습니다.

그 소명을 결코 잊지 않겠습니다.

오늘 이곳에 존경하는 김경수 후보님, 김동연 후보님 두 분 함께 하고 계십니다.

두 분 모두 우리 민주당의 소중한 자산이자 든든한 동지들입니다.

아름다운 경선과 원팀에 의한 본선 필승은 250만 당원동지 여러분, 그리고 민주당을 응원하는 모든 국민이 한마음을 모아 내린 지상명령이다, 맞습니까 여러분?

국민 여러분, 3년전 어느날 국운이 걸린 대회전에서 저의 부족함 때문에 우리는 패배했습니다.

미세한 차이로 그들이 승리했지만 모든 것을 차지한 저들은 나라를 망치고 국민을 고통 속으로 몰아넣었습니다.

그 고통 속에서 더 깊이 성찰하고, 더 지독하게 준비했습니다.

수많은 국민들을 만나 뵙고, 경청하고 또 경청했습니다.

전국 곳곳 삶의 현장에서, 신음과 절망의 소리를 들었습니다.

불안정한 국제정세와 지속적인 경기침체 속에 12.3 내란은 대한민국을 절체절명 위기로 내몰았습니다.

12.3 군사쿠데타는 세계적 파문을 일으켰고, 전 세계가 충격에 빠졌지만, 위대한 우리 국민은 가장 평화로운 방법으로 무장계엄군과 폭력정권을 물리쳐서, 경악과 공포를 경이와 찬사로 바꾸었습니다.

내란 세력에 맞서 국회의원들이 국회 담장을 넘어 계엄해제에 나서게 한 것도, 계엄군에게 부당한 명령에 맞설 용기를 주신 것도, 모두 국민들 아닙니까?

대한민국의 주권자 국민은 차가운 아스팔트에서 키세스 시위로 한파에 맞서면서 귀한 빛을 들어 마침내 짙은 어둠을 걷어냈습니다.

위대한 국민이 함께 한 덕분에 희망이 살아있는 오늘의 대한민국이 있지 않습니까?

사랑하는 당원동지 여러분, 내란수괴를 재판에 넘기고 대통령직을 파면해도 내란은 여전히 계속중입니다.

헌법까지 무시하며 내란세력을 비호하는 내란잔당들 때문에 나라는 여전히 혼란스럽습니다.

내란을 온전히 극복하고 완전한 희망의 새 아침을 열어야 합니다.

무너진 민생과 민주주의를 회복해야 합니다.

평화를 구축하고, 파괴된 경제를 되살려야 합니다.

국민이 지켜낸 민주주의 위에 문화로 세계를 주도하는 소프트파워 강국, 우리가 목표하고 다다라야 될 나라 아니겠습니까?

다가올 신문명시대에는 과학기술이 경제력이자 곧 국력입니다.

대전과 충청이 앞서가는 '과학기술강국'의 길이 바로 대한민국이 선도해 갈 미래입니다.

한걸음 늦으면 도태 위험에 빠질 추격자 신세지만 반걸음만 빨리 가면 무한한 기회를 누리는 선도자가 됩니다.

의지와 열정 넘치는 유능한 도전자에겐 위기가 바로 기회 아닙니까?

이제 대한민국은 추격국가에서 선도국가로 나아가야 합니다.

지금의 위기 혼란은 바로 혁신의 기회입니다.

정치, 문화, 가치 등 온갖 영역에서 대한민국은 모방의 한계를 넘어 세계를 '주도'해야 합니다.

위대한 대한국민은 위기와 변혁의 순간마다 민주당을 선택했습니다.

IMF 위기 속에서는 김대중 대통령을 선택해서 국난을 극복했고, 새 천년의 새로운 시작을 위해서 노무현 대통령을 선택했습니다.

촛불혁명의 완성을 문재인 대통령에게 맡겼습니다.

국난극복의 DNA를 가진 민주당과 위기를 기회 삼아 장벽을 넘어온 저 이재명이 김대중·노무현·문재인의 뒤를 이어 네 번째 민주정부를 확실히 수립하겠습니다.

국민과 함께, 동지들과 함께 반드시 정권을 되찾아 오겠습니다.

잘못은 고치고, 부족한 것은 채우고, 새로운 것을 더하여 국민의 삶을 바꾸고 새로운 나라를 만들겠습니다.

'균형발전'을 실천해서 누구나, 어디서나 동등한 기회를 누리고 노력에 상응하는 정당한 몫을 보장받는 '진짜 대한민국'을 확실히 열어가겠습니다.

그 '진짜 대한민국'의 중심에 우리 충청이 단단하게 자리잡게 하겠습니다.

약속드린 대로 국회 세종의사당, 대통령 세종 집무실을 건립하고 2차 공공기관 이전을 통해서 세종을 '행정수도의 중심'으로 완성하겠습니다.

헌법 개정과 국민적 합의라는 난관도 있겠지만, 대통령실과 국회 완전 이전도 추진할 것입니다.

대전은 K-과학기술을 이끌 세계적 과학 수도로, 충남 충북은 첨단산업벨트가 들어선 미래산업의 중심지로 만들어 놓겠습니다.

충청권 통합경제권을 만들고, 함께 성장할 수 있도록 적극 지원하겠습니다.

충청이 살아야 대한민국이 살지 않겠습니까?

수도권 1극체제를 완화하고, 과감한 권역별 투자로 지역의 성장동력을 복원해서 지역간 격차를 줄일 것입니다.

힘든 세상을 함께 바꿔 갈 민주당의 우리 당원동지 여러분, 막중한 책임감과 사명감으로 회복과 성장을 이뤄낼 후보, 누구입니까?

대한민국 재도약의 과업을 실현할 준비된 후보, 누구입니까?

12.3 내란을 겪으며 전 세계가 깨달았습니다.

국민이 위임한 권한을 함부로 사용하면 국민이 다칩니다.

나라가 망합니다.

그 권한을 제대로 사용하면 긍정과 희망의 빛으로 세상을 가득 채울 수도 있습니다.

대통령은 지배자가 아닙니다.

국민이 잠시 맡긴 권한으로 국민을 위해 견마지로를 다할 국민의 일꾼, 대리인일 뿐입니다.

공직은 누리는 자리가 아니라 일하는 자리입니다.

함부로 할 권력과 명예가 아니라, 책임과 역할인 것입니다.

군림하는 권력자가 아니라 국민의 충직한 도구가 되려는 저 이재명, 역경 속에서 더 단련되고 더 준비된 저 이재명에게 기회를 만들어 주십시오.

성남시와 경기도가 그랬던 것처럼, 더불어민주당이 변화했던 것처럼 저 이재명을 선택해 주신다면, 한 명의 공직자가 얼마나 많은 변화를 만들 수 있는지 결과로 증명해 보이겠습니다.

대한민국은 작지만 큰 나라입니다.

경제력 10위, 군사력 5위에 세계가 주목하는 문화강국, 무혈 평화혁명으로 무도한 권력을 두 번이나 몰아낸 모범적 민주국가입니다.

작지만 큰 한민족 '대한', 평범한 백성의 나라 '민국'입니다.

'대한민국' 이 나라 주인으로 공평하게 대접받는 '진짜 대한민국', 이제부터 '진짜 대한민국'이 시작됩니다.

그래서 이제부터 우리의 역할, 민주당의 역사가 새롭게 시작됩니다.

지금은 바로 이재명입니다!

2025년 4월 19일

3. 호남권

AI 에너지 산업과 농생명이 함께 성장하는
지속가능한 메가시티, 새로운 호남 시대를 열겠습니다

"가만히 생각건대, 호남은 국가의 보루이다 竊想湖南國家之保障"
이순신 장군이 하신 이 말씀은, 호남의 소명이자 자긍심입니다.

호남은 그 소명대로 우리 역사에서 늘 빛을 발해 왔습니다.

그러나 수도권 집중과 산업전환의 도전이라는 이중고 가운데 일자리가 사라졌고 이에 기회를 잃은 청년들이 떠나고 있습니다.

소득 불균형과 사회 양극화는 더 심해져 어느덧 호남은 활력을 잃어가고 있습니다.

불균형발전의 피해지역이 된 호남을 제대로 발전시켜야 합니다.

대한민국 국가균형발전의 완성을 위해서도 꼭 해야 할 일입니다.

수도권 집중을 넘어서기 위한 '호남권 메가시티'를 실현하겠습니다.

호남이 대한민국 산업화 과정 속에서 소외돼 온 만큼 인공지능AI으로 대표되는 첨단시대를 맞아 신성장동력 산업이 호남에 안착할 수 있도록 만들겠습니다.

호남은 충분한 성장 잠재력을 갖고 있습니다.

해상과 육상 교통의 연결점이면서 풍력과 태양광 등 재생에너지의 산실인 호남권을 발전시킨다면, 물류부터 에너지 독립까지 지속가능한 지역균형발전의 마침표가 될 것입니다.

호남권의 '경제부흥 시대'를 확실하게 열겠습니다.

첫째, AI와 미래 모빌리티·금융산업을 육성해 고부가가치 산업전환을 지원하겠습니다.

광주는 '국가 AI 데이터센터'에 이어, 고성능 반도체를 집적한 '국가 AI 컴퓨팅센터'까지 확충해 AI 선도 도시로 만들겠습니다.

AI 집적단지와 미래 모빌리티 부품 클러스터를 조성해, 첨단산업 생태계를 구축하겠습니다.

전주는 자산운용 특화 금융 생태계를 조성해, 제3의 금융 중심지로 도약시키겠습니다.

여수의 주력 산업을 석유화학에서 친환경·고부가가치 화학산업으로 전환하고, 광양 제철산업의 수소환원제철 기술 전환을 적극 지원하겠습니다.

목포는 해상풍력 및 전기선박 산업 중심지로 키우고, 군산은 조선소 재도약으로 일자리를 대폭 늘리겠습니다.

새만금 이차전지 특화단지는 성공적인 국가첨단전략산업 단지로 조성하기 위해, 기업 유치를 적극 지원하겠습니다.

둘째, 호남을 재생에너지 산업의 중심지로 만들겠습니다.

해상풍력과 태양광 산업은 전용 부두와 배후단지를 갖춘 완성형 생태계로 구축하겠습니다. '에너지 고속도로'를 빠르게 조성해 주요 산업단지와 연결하겠습니다.

광주와 새만금 등 전남·전북 일대에 RE100 산업단지를 조성하겠습니다.

해남은 재생에너지 기반의 세계 최대 AI 데이터센터 구축을 지원하겠습니다.

나주는 한국전력과 한국에너지공대가 에너지 신산업 발전의 중심이 되도록 지원하겠습니다.

새만금·부안·신안·고흥·여수 일대의 주민들과 함께 태양광과 해상풍력 프로젝트를 성장시키겠습니다.

새만금 해수유통(새만금호 수질 개선을 위한 수문개방)을 확대하여 생태계를 복원하고, 사회적 합의를 통해 조력발전소 건설도 검토하겠습니다.

태양과 바람이 만든 수익은 '햇빛, 바람 연금'이 되어 지속 가능한 지역 소득이 되도록 지원하겠습니다.

셋째, 호남을 미래형 농생명·식품 산업과 공공의료의 거점으로 키우겠습니다.

농업과 에너지가 함께 가는 시대, 영농형 태양광을 확대해 기후, 식량 위기에 대응하겠습니다. 전기 트랙터와 전기 축분 처리기 등 친환경 농기계를 보급해 농업의 탈탄소 전환을 앞당기겠습니다.

김제 스마트팜 혁신밸리, 나주 AI 농업 지구 등을 거점으로 고부가가치 농생명 산업을 육성하고, 종자, 식물 단백질, 스마트 농업 기술 개발에 집중적으로 투자하겠습니다.

지역 단위 자원 순환형 축산 공동체를 확산하고, 저탄소 축산 시스템 전환을 지원하겠습니다.

생산, 가공, 수출이 연결되는 수산클러스터를 조성하고, 해양식품 산업벨트를 구축하겠습니다.

전북 국가식품클러스터는 K-푸드 수출거점으로 성장시키고, 제조와 수출, 체험이 융합된 K-푸드파크 조성도 뒷받침하겠습니다.

화순 백신 특구는 백신, 항암, 면역 중심의 첨단 바이오·헬스 클러스터로 도약할 수 있도록 지원하겠습니다.

의대가 없는 유일한 광역지자체인 전남과 의대(서남대)가 폐교된 전북에는, 국립 의대를 설립해 공공·필수·지역의료 인력을 직접 양성하겠습니다.

넷째, 2036년 하계올림픽 유치를 전폭 지원하고, 세계적인 문화·관광 벨트를 조성하겠습니다.

올림픽은 전북의 문화와 관광을 세계에 알릴 절호의 기회입니다. 전주의 한식과 후백제 유산을 세계적 문화자산으로 육성하겠습니다.

광주는 아시아 콘텐츠 거점도시로 고도화하겠습니다. 창작, 공연, 영상산업 등 문화 기반 창업을 활성화하도록 하여, 국제교류 플랫폼 강화도 지원하겠습니다.

서남해안과 내륙이 함께 성장하는 생태·해양·치유 관광 벨트를 만들겠습니다. 남해안의 해양·문화 자산[04]을 유기적으로 연결하고, 서남해 다도해를 예술과 자연이 어우러진 체류형 관광지로 키우겠습니다. 이를 통해 순천·신안·여수·해남·완도를 대표 관광 거점으로 만들겠습니다.

남원·장수·무주·구례 등 전북·전남 동부권은 치유 관광과 친환경 농업 중심으로 육성하고, 유기농 식품, 고랭지 특산물, 생태·전통문화 자산을 연계해, 지속 가능한 농촌 관광과 산업 혁신 모델을 만들겠습니다.

다섯째, 호남권에 촘촘한 교통망을 구축해 수도권과 영남권까지 넓게 잇겠습니다.

호남고속철도 2단계는 조기 완공하고, 전라선 고속철도는 신속히 추진해 수도권 접근성을 높이겠습니다.

서해선 철도 고속화는 조속히 마무리하고, 군산, 새만금, 목포까지

---

04 순천만 갯벌, 변산반도 지질자원, 신안 다이아몬드 제도, 여수 화양 복합 관광단지.

단계적 연결을 추진하겠습니다.

경전선 전철화도 차질 없이 추진되도록 적극적으로 지원하겠습니다.

고흥~광주~전주~세종을 잇는 '호남권 메가시티 고속도로'가 '제3차 고속도로 건설 국가 계획'에 반영될 수 있도록 지원하겠습니다.

광주~대구 달빛 철도와 전주~대구 고속도로를 조속히 추진하겠습니다.

새만금~포항 고속도로 전 구간 개통도 지원하겠습니다.

광주~나주, 광주~화순 광역철도 연장을 신속히 추진해, AI와 에너지 산업을 연결하고 하나의 생활권으로 통합하겠습니다.

서해안 생태관광 활성화와 지역 연계를 위해, 부안~고창 노을 대교의 조속한 착공을 지원하겠습니다.

서남해안 일주 관광도로와 완도, 고흥 연결도 적극 지원하겠습니다.

광주 군 공항 이전은 충분한 협의를 바탕으로 추진하며, 이전 지역이 함께 발전할 수 있게 적극 지원하겠습니다.

호남은 위기의 순간마다 나라를 지켜온 자존의 땅입니다.

민주주의가 위태로울 때 광주는 온몸으로 진실을 지켰고, 산업화의 파고에도 농생명 뿌리를 지켜냈습니다.

세 번의 민주정부를 만든 것도 호남이었습니다.

호남의 슬픔과 분노, 좌절과 절망을 용기와 투지로 바꿔 국가의 보루, 호남의 경제부흥을 이뤄야 합니다.

저 이재명은 호남의 손을 굳게 잡고 대한민국의 대전환을 완수해 'K-이니셔티브' 시대를 열겠습니다.

이제부터 진짜 대한민국! 지금은 이재명입니다!

2025년 4월 24일

제21대 대통령선거 후보자 선출을 위한 호남권 합동연설

존경하는 호남의 당원동지 여러분, 전북·전남, 광주 시·도민 여러분, 인사드립니다. 이재명입니다.

이곳 광주의 80년 5월 영령들이 오늘의 산 자들을 구했습니다.

봄을 수놓은 꽃들만 봐도 아프고, 날마다 찾아오는 아침마저 괴로웠을 그 광주의 아픈 상처가 우리의 미래를 구했습니다.

계엄군 진입을 알리는 45년 전 새벽의 그 다급한 목소리처럼, 12월 3일 밤 저의 유튜브 방송도 진실을 알리는 작은 빛이 되길 바랐습니다.

작지만 위대한 오색 빛들이 모여, 권력자의 그 더러운 내란을 저지하고 피로 만들어온 우리의 민주주의를

되살리고 있는 중입니다.

호남 없이는 나라도 없다는 이순신 장군의 말씀처럼 대한민국이 호남에 큰 빚을 졌습니다.

이번 대선은 단순한 대통령을 뽑는 그냥 선거가 아닙니다.

파괴된 민생과 민주주의를 살리는 선거입니다.

위협받는 평화를 회복시키고, 멈춰버린 경제를 살리는, 중대사, 그 중대사 중에서도 또 중대사입니다.

이번 선거를 통해 국난을 완전히 극복하고 온전한 희망의 새 아침을 열어가야 합니다.

호남의 동지 여러분께 묻고 싶습니다.

5천만 국민의 미래와 이 나라의 운명이 달린, 이 거대한 싸움에서, 늘 그랬듯이 이 대열의 최선두에 서주시겠습니까?

70년 민주당 역사에서 위대한 호남은 언제나 때로는 포근한 어머니

처럼 때로는 회초리를 든 엄한 선생님처럼 우리 민주당을 민주당답게 만들어 왔습니다.

굴곡진 역사의 구비마다 우리 대한민국이 나아갈 진정한 민주공화국의 길을 제시해 주신 것도 호남입니다.

호남이 김대중을 키워냈기에 평화적 정권교체와 IMF 국난극복이 가능했습니다.

호남이 노무현을 선택했기에 반칙과 특권 없는 세상이 열렸고, 호남이 선택한 문재인이 있었기에 촛불혁명을 계승하고 한반도 평화의 새 지평으로 나아갔습니다.

촛불혁명에 이어 전 세계를 놀라게 한 빛의 혁명, 우리의 K-민주주의도 바로 이 빛고을 광주에서 시작되었습니다.

위기극복과 국민 통합, 민주주의와 평화가 바로 호남 정신이고, 더 치열하게 국민의 삶을 바꾸라는 '민생 개혁 명령'이 바로 호남 정신이다, 이렇게 생각하는데 동의하십니까, 여러분?

이번에는 호남이 저 이재명을 선택해서 네 번째 민주정부, 한 번 만들어 보시겠습니까?

이제부터 진짜 대한민국!

한 번 만들어 보시지 않겠습니까?

존경하는 국민 여러분, 지금까지 겪어보지 못한 새로운 변화가 몰아칩니다.

트럼프 2기 체제로 세계적 경제대전이 시작됐습니다.

눈 깜빡할 사이에 한 페이지가 넘어가는 AI 중심 초과학기술의 신문명이 다가옵니다.

대한민국은 추격자로서 모방을 통해 한강의 기적을 만들었습니다.

그러나 이제, 급변하는 초과학기술 시대에는 모방이 더이상 통하지 않습니다.

냉혹한 국제경쟁에서 살아남고 승리하려면 이제 우리가 여러 방면에서 세계를 주도해야 합니다.

우리가 1등이 될 수 있어야 합니다. 힘든 일이지만 반드시 이겨내야 하고, 또 얼마든지 이겨낼 수 있습니다.

호남이 낳은 불세출의 지도자 거인 김대중의 삶에 바로 그 답이 있습니다.

인터넷도 없던 1981년, 사형수 김대중은 감옥 안에서 과학기술이 세계를 좌우할 것을 예견했고, 혜안으로 AI시대를 내다보았습니다.

눈앞이 캄캄한 IMF 국난 속에서도 IT 강국의 초석을 놓았고, 지원하되 간섭하지 않는다며 오늘의 문화강국 토대를 만들었습니다.

김대중이 걸었던 길이 우리 더불어민주당의 길이고, 바로 우리 대한민국이 나아갈 미래입니다.

먹사니즘의 물질적 토대 위에 행복한 삶이 가능한 잘사니즘으로 나아갑시다.

퇴행과 절망을 딛고, 우리 손으로 세계를 주도하는 진짜 '대한민국'으로 도약합시다, 여러분.

반 걸음이라도 뒤처지면 도태 위협에 시달리는 추격자 신세지만, 반 걸음만 앞서가도 무한한 기회를 누리는 선도자가 됩니다.

김대중 대통령이 열어준 길을 따라, 우리의 이 위기를 기회로 바꿔내고 평범한 이들이 미래를 꿈꿀 수 있는 진정한 민주공화국, 진짜 대한민국을 만들 대통령 후보, 누구입니까?

존경하는 호남 시·도민 여러분, 민주당을 가장 열성적으로 지지했음에도 내 삶은 크게 변한 게 없다는 이 호된 질책을 아프게 받아들입니다. 그러나 이제 지금의 민주당이 과거의 민주당과 다른 것처럼 새로 출발할 대한민국은 확고한 개혁과 발전을 통해 온전한 민주 평화 국가로 변모할 것을 약속 드립니다, 여러분.

우리 민주당에겐 눈앞의 이 변화의 기회를 호남발전의 발판으로 만들 설계도가 있습니다.

빛고을 광주는 인공지능 경쟁을 주도할 AI 중심 도시로 확고하게 자리잡을 것입니다.

전남북은 사통팔달의 에너지고속도로를 통해서 재생에너지 생산지와 RE100 산단이 어우러진 재생에너지 중심지로 거듭날 것입니다.

재생에너지 벨트의 구축으로 경제에 활력을 불어넣겠다는 김동연 후보님의 약속에 전적으로 동의합니다.

호남권 등 5대 메가시티로 새로운 성장동력을 만들겠다는 김경수 후보님의 말씀에 전적으로 동감합니다.

해상 육상 교통의 연결점이자 풍력 태양광 등 재생에너지의 보고, 이 호남은 이제부터 지속가능한 균형발전이 시작될 것을 약속 드립니다.

사랑하는 당원동지 여러분, 우리가 함께 만들어갈 진짜 대한민국의 꿈은 호남의 역사 속에 살아 숨쉬고 있습니다.

1980년 5월, 불의한 권력이 철수한 그 찰나의 광주에서 우리가 모두가 함께 꿈꾸었던 대동세상의 꿈은 2024년 12월, 모진 추위를 서로의 온기로 이겨낸 빛의 혁명으로 이어졌습니다.

2024년의 위대한 주권자들을 80년의 광주영령들이 지켜냈고, 세계로 퍼져갈 K-민주주의가 드디어 그 찬란한 모습을 드러냈습니다.

1894년 우금치 고개를 넘지 못했던 동학혁명군의 꿈이 2024년 마침내 남태령을 넘었습니다.

  김대중 대통령이 남기신 서생적 문제의식과 상인적 현실감각은 혼돈 속에서 번영의 새 길을 찾아내야 하는 우리의 나침반입니다.

  위기의 순간마다 나라를 지킨 자존의 땅 호남, 그 호남정신을 이어서 대한민국 재도약을 실현해낼 후보, 저 이재명이라고 믿습니다.

  이 혼란과 좌절을 이겨내고, 회복과 성장을 이뤄낼 대통령 후보 역시 저 이재명이라고 믿습니다.

  작지만 큰 한민족 '대한', 평범한 백성이 주인인 나라 '민국', 그래서 '대한민국'입니다.

  이 땅위에 살아가는 모든 사람이 주인으로 대접받는 진짜 대한민국을 만들 때입니다.

  그래서, 그러므로, 지금은 이재명입니다!

2025년 4월 26일

4. 영남권

부울경 메가시티를 대한민국 해양 수도로 만들겠습니다

부산, 울산, 경남은 대한민국 산업화의 중심이자, 수출 강국 대한민국의 심장이었습니다.

하지만 성장신화를 주도했던 동남권은 지금 중대한 기로에 서 있습니다. 수도권 집중과 산업전환의 도전이라는 이중고 속에 일자리는 사라지고, 기회를 잃은 청년들은 떠나고 있습니다. 제조업 기반이 흔들리며, 지역 상가의 불은 꺼지고 있습니다.[05]

그러나 여기서 멈출수는 없습니다.

오늘의 대한민국을 만든 부울경의 저력은 세계를 주도할 대한민국의 미래와 만날 가능성과 잠재력으로 준비되어 있습니다.

부울경의 제조업과 항만은 대한민국의 회복과 성장을 이끌 핵심 자산입니다.

북극항로 개척과 대륙철도 연결로, 미래산업 전환에 대한 과감한 투자로, 해양수산부 이전과 30분대 생활권 구축으로 '융합의 허브, 부울경 메가시티'를 글로벌 물류와 산업 중심의 해양수도로 만들겠습니다.

첫째, 부산을 명실상부 해양강국의 중심으로 만들겠습니다.

대한민국의 해양강국 도약과 현장 중심 정책집행을 위해 해양수산부를 부산으로 이전하겠습니다. 이를 통해 조선, 물류, 북극항로 개척

---

05 전국평균 고용율 62.5% 부산(광역단체 중 16위) 58.4% 대구(17위) 58.2%.

등 첨단 해양산업 정책의 집행력을 확보하겠습니다.

　국내외 해운·물류 대기업 본사와 R&D센터를 유치해 해양클러스터를 조성하여, 청년들이 선호하는 좋은 일자리를 만들겠습니다.

　해운·물류 관련 공공기관 이전을 추진하고 해사 전문법원도 신설해, 해양강국의 기반을 탄탄히 다지겠습니다.

　지역 전략산업, 소부장 제조기업, 스타트업 등에 성장단계별 맞춤형 자금을 안정적으로 공급하겠습니다.

　이에 더해 부산을 청년이 모이고, 세계가 주목하는 e-스포츠 산업 중심지로 키우겠습니다.

　둘째, 부울경을 육해공 '트라이포트' 전진기지로 만들겠습니다.

　가덕도 신공항과 동남권 철도 사업을 차질 없이 준비하고, 대륙철도 연결의 기회를 더해 부울경을 융합 물류의 중심지로 키우겠습니다.

　북극항로라는 새로운 기회를 대한민국이 선점해야 합니다. 쇄빙선 등 전용 선박 건조를 지원하고, 극지 해기사 등 전문 인력도 신속히 양성하겠습니다. 항로 최적화 연구와 물류 운송로 확보, 북극항로 비즈니스 모델 개발까지, 북극항로에 최적화된 인프라를 구축해 가겠습니다.

　트라이포트 배후단지에는 소재·부품·장비 공급망을 집중해 글로벌 소부장 산업 집적지로 육성하겠습니다.

　셋째, 울산의 자동차·석유화학·조선산업을 글로벌 친환경 미래산업 선도주자로 키우겠습니다.

　전기차·수소차 인프라를 전국으로 확충하여, 친환경 미래차 전환 시점을 앞당기겠습니다.(현재 목표 2040년) 현대자동차 등 완성차기업은 물론, 부품기업의 미래차 산업전환도 적극 지원하겠습니다. 맞춤형 R&D와 고용 안전망 제공 등 산업·고용 전환을 종합 지원해, 울산을 친환경 모빌리티 중심지로 만들겠습니다.

석유화학산업 재도약도 적극 뒷받침하겠습니다.

재생에너지 기반 생산공정을 구축하고 친환경 기술개발을 지원해, 고부가가치 산업구조로의 전환을 돕겠습니다.

자율운항과 친환경 선박 기술개발을 지원하고, 부유식 해상풍력단지 조성을 성공적으로 추진하겠습니다.

넷째, 경남을 우주·항공·방산, 스마트 조선산업의 메카로 만들겠습니다.

경남의 전통 제조업의 디지털 전환을 본격 지원하겠습니다. 제조 특화 AI 모델과 플랫폼을 개발하고, AI 기반 스마트 공장을 확산하겠습니다. 중소기업이 AI를 쉽게 활용할 수 있게 클라우드 기반 인프라 구축을 지원하겠습니다.

'디지털 융합 스마트 산업단지' 전환을 신속히 추진하겠습니다.

방산 부품 R&D를 전폭 지원해 국산화를 촉진하고, 기술 자립도를 향상해 글로벌 G4 방산 집적지로 키우겠습니다.

항공산업과 우주산업 육성도 적극 뒷받침하겠습니다. 항공기, 미사일·위성, 항공전자 등 전후방 산업을 육성해 '동북아 우주·항공산업 허브'로 도약시키겠습니다.

최근 한미 간 군함 및 상업용 조선산업 협력이 강화되며, 기술 교류와 수주 확대 가능성이 커지고 있습니다.

고부가가치, 특수선박의 설계·건조 역량을 높이고, 중소형 조선소에는 선박금융 지원을 확대해 글로벌 강소 조선사로 성장을 돕겠습니다.

다섯째, 부울경의 30분대 생활권을 조속히 실현하겠습니다.

부울경을 하나의 생활·경제권으로 연결하는 GTX급 광역교통망을 완성하겠습니다.

부전역~마산역 복선전철의 조기 개통과 함께, 비수도권 광역철도 선도 사업인 부산~양산~울산선 건설을 적극 지원하겠습니다.

부산역 철도 지하화사업이 차질없이 추진되도록 뒷받침하고, 지하화를 단계적으로 확대하겠습니다.

부전역은 동남권 중심역으로 격상하고, 중앙선·동해선·경전선·가덕신공항을 연결하는 철도 허브로 육성하겠습니다.

통행료 부담이 큰 거가대교, 마창대교 등은 민자사업 재구조화로 이용자의 부담을 줄이겠습니다.

부울경 30분대 생활권 시대는 1천만 메가시티를 앞당길 것입니다.

존경하는 부산시민, 울산시민, 경남도민 여러분!

부산, 울산, 경남은 대한민국 산업을 일으킨 선봉장으로, 수출 강국을 가능하게 한 주역이었습니다.

이제 산업화의 기적을 넘어, 미래산업으로의 대전환이라는 새로운 도약을 함께 만들어야 합니다.

부산의 항만과 해양, 울산의 자동차, 석유화학, 조선, 경남의 우주항공, 방위, 조선, 풍력산업이 함께 손잡고 혁신과 창조의 시너지를 만들 것입니다.

이를 통해 부울경 메가시티의 꿈은 동북아 대표 광역경제권, 대한민국 해양수도로 실현될 것입니다.

대한민국 회복과 성장의 새 엔진, 부울경과 함께 힘차게 뛰겠습니다.

이제부터 진짜 대한민국, 지금은 이재명입니다.

2025년 5월 3일

성장 엔진 재가동으로 대한민국 경제 성장의 신화,
대구·경북의 재도약을 이끌겠습니다

안동에 태를 묻고, 제 뼈와 살과 피를 만들어 준 대구·경북의 아들, 대구·경북 출신 민주당 경선 후보 이재명이 대한민국 경제 성장의 신화, 대구·경북의 재도약을 이끌겠습니다.

첫째, 이차전지 산업벨트와 미래형 자동차 부품 클러스터를 조성하겠습니다.

대구·구미·포항을 글로벌 이차전지 공급망의 핵심 거점으로 육성하겠습니다.

구미(LG화학), 포항(소재 기업 및 R&D), 대구(소재클러스터·순환파크)의 산업기반을 활용해 차세대 전고체 배터리와 리사이클링 R&D 역량 강화를 지원하겠습니다.

규제 합리화와 투자 환경 개선으로 대구·경북이 글로벌 이차전지 산업을 선도할 수 있게 뒷받침하겠습니다. 관내 2,000여 자동차부품 기업이 친환경자동차, 첨단부품 산업으로 혁신할 수 있도록 지원하겠습니다.

자동차부품 R&D센터를 설립하고, 스마트 생산설비를 기반으로 산업생태계를 구축하겠습니다.

기업의 초기 투자를 장려하는 금융·세제지원도 아끼지 않겠습니다.

지역 연구소와 대학이 함께하는 미래 직업 재교육과 인력 재배치 시스템을 구축하겠습니다.

둘째, 바이오산업을 미래 성장동력으로 육성하겠습니다.

대구·경북 바이오 산업벨트를 '한국형 바이오·백신 산업 클러스터'

로 조성하겠습니다.

대구 첨단의료복합단지는 신약 개발, 혁신형 의료기기, 디지털 헬스케어를 집중 육성하고, 초격차 기술 역량을 높여 국제 경쟁력을 강화하겠습니다.

경북바이오산업연구원·포스텍 등의 바이오·신소재 기술개발과 연구를 적극 지원하고, 전문 인력을 지속적으로 양성하겠습니다.

농업, 의료, 헬스 케어, 식품 등 전후방 산업을 육성해 대구·경북 바이오산업 성장 잠재력을 현실로 만들겠습니다.

발효기술과 천연소재를 활용한 바이오 식품산업을 농업과 연계해 새로운 성장동력으로 키우겠습니다.

경북 북부권 거점병원의 의료서비스를 강화해 바이오산업과 연계하고, 영양·봉화·청송·예천 등 의료 소외지역의 의료격차도 해소하겠습니다.

셋째, AI로봇, 수소산업과 고부가가치 섬유산업을 미래 핵심 산업으로 키우겠습니다.

대구는 AI로봇산업 인프라를 갖춘 최적의 도시입니다.

AI로봇 딥테크 유니콘 기업을 집중 육성해 기술 경쟁력을 높이고, 세계 시장 진출을 지원하겠습니다.

구미 로봇직업혁신센터와 연계해 AI로봇 전문인력 양성과 재교육을 강화하겠습니다.

포항에는 수소·철강·신소재 특화 지구를 조성해 그린수소 생산부터 저장, 활용까지, 전 주기 산업 인프라를 완비하겠습니다.

수소환원 제철과 수전해 수소생산설비 산업을 기존 철강산업과 연계해 전략적으로 육성하겠습니다.

대구 섬유산업은 친환경 신소재 개발과 고부가가치 산업으로 전환을 지원하겠습니다.

넷째, 대구·경북 통합 신공항과 울릉공항을 성공적으로 추진하겠습니다.

대구·경북 통합 신공항 사업 지연 요인을 조속히 해소하겠습니다.

활주로는 연장하고, 화물터미널도 확대하여 원거리 노선 운항이 가능한 공항이 되도록 적극 나서겠습니다.

울릉공항은 안전성을 높이고, 조속히 완공될 수 있도록 지원하여 울릉도 관광객 접근성을 높이고 지역경제 활성화에 기여하겠습니다.

포항 등 동남권 항만도시는 북극항로 기항지로 도약할 수 있도록 첨단 항만 인프라를 확충하겠습니다.

다섯째, 대구·경북을 교통 허브로 성장시키겠습니다.

남부내륙철도와 달빛철도를 조속히 완공해 대구·경북을 수도권부터 중부권, 동남권, 호남권까지 연결하는 대한민국의 교통 중심지로 만들겠습니다.

중부권 동서횡단철도 신속 추진으로 대구·경북 신공항과 광역 도로망, 철도망을 촘촘히 구축하겠습니다.

서대구와 의성, 영천을 연결하는 신공항철도와 대구와 구미, 영주, 포항을 거쳐 영천을 연결하는 순환 철도도 적극 추진하겠습니다.

경북 영천~청송~영양~봉화~강원도 영월~정선~평창~홍천~인제~양구의 남북 9축과 영덕에서 삼척까지 남북 10축 고속도로를 제3차 고속도로 건설계획('26~'30)에 반영해 단계적으로 확충하겠습니다.

KTX(이음) 구미역 정차와 대구 도심 경부선 지하화를 단계적으로 추진하겠습니다.

존경하는 경북도민, 대구시민 여러분!

대구·경북은 대한민국 산업화의 요람이었습니다.

대구·경북의 명성이 과거의 영광으로만 머물러서는 안 됩니다.

대구·경북에는 제조업과 첨단산업의 성장 잠재력이 무궁무진합니다.

성장 엔진을 다시 가동하고 산업 경쟁력을 회복하여 청년이 돌아오고 지역이 살아나는 활력 넘치는 대구·경북을 만들겠습니다.

대구·경북을 세계 어느 산업도시와 견주어도 손색없는 첨단산업의 중심지로 키우겠습니다.

대구·경북의 진짜 회복과 성장, 이재명이 하겠습니다.

이제부터 진짜 대한민국, 지금은 이재명입니다.

고맙습니다.

2025년 4월 18일

제21대 대통령선거 후보자 선출을 위한 영남권 합동연설

존경하는 영남의 당원동지 여러분, 사랑하는 대구·경북 그리고 부산·울산·경남 시·도민 여러분, 반갑습니다. 이재명입니다!

경북 안동이 낳고 길러 주신 영남의 큰 아들, 더불어민주당 대통령 경선 후보 이재명입니다.

먼저 산불로 피해 입은 많은 분들께 위로 말씀을 전합니다.

피해자분들이 하루빨리 온전한 일상을 회복하실 수 있도록 힘을 모으도록 하겠습니다.

영남의 당원 동지 여러분, 지난해 총선 당시에 '압도적 과반' 승리가 발표되는 그 순간에 저는 환호할 수 없었습니다.

패배를 각오한 출전이었겠지만 외로움과 아쉬움을 삼켰을 바로 여러분 영남의 동지들이 떠올랐기 때문이었습니다.

그럼에도 불구하고, 동토에서 독립운동하듯이 민주당을 지켜온 여러분이 바로 우리 민주당의 든든한 뿌리입니다. 고맙습니다.

여러분의 희생과 헌신 덕에 윤석열 정권의 내란을 신속하게 저지하고 민주주의를 회복할 수 있었습니다.

정말로 감사드립니다.

우리 서로를 향해서 격려의 박수 한 번 부탁드립니다.

사랑하는 당원 동지 여러분, 부드러운 봄의 물결은 언제나 남쪽에서 시작됩니다.

'진짜 대한민국'을 열어젖힐 뜨거운 열정도 바로 이곳 영남에서 시작하지 않겠습니까?

새로운 세상을 향한 승리의 진군 소리가 마치 만개한 봄꽃들처럼 온

세상을 뒤덮을 것으로 믿습니다.

맞습니까? 바로 여러분이 그 승리의 주인공, 역사의 주역이 될 것입니다.

이번 대선은 단지 5년 임기의 대통령을 뽑는 반복적인 단순한 선거가 아닙니다.

우리 대한민국의 국운이 달린 '절체절명'의 선택. 그렇지 않습니까?

지난 3년 동안 민생경제는 벼랑 끝으로 내몰렸습니다.

이곳 울산을 비롯한 동남권 지역경제, 화학 조선 기계 산업 전부 다 무서운 추격 앞에 스러져 가고 있습니다.

멈춰버린 성장을 복원해야 합니다.

지친 국민의 삶을 구하고, 무너진 민생, 민주주의, 평화를 회복해야 합니다.

국난을 온전하게 극복하고 희망의 새 아침을 열어젖혀야 합니다.

굴곡진 우리 역사 속에 바로 답이 있습니다.

위대한 성취의 순간마다 그 중심에 늘 영남이 있었지 않습니까?

민주공화국의 위기 앞에서, 2.28 민주 의거로, 3.15 마산 의거로, 부마항쟁으로 분연히 일어난, 그리고 저항했던 곳이 바로 이곳 영남 맞습니까, 여러분?

대한민국 경제발전의 심장으로서, 전쟁의 폐허 위에서 산업화를 이뤄낸 것도 바로 영남입니다.

그러나 윤석열 정권은 3년 내내, 민주주의와 민생을 파괴하고 영남이 쌓아 왔던 그 역사적 성과들을 배신했습니다.

반민주·반민생 그런 폭력 정권이 지배하던 그 낡아버린 옛 길을 버리고 번영의 새 길을 다시 만들어 가야 하지 않겠습니까?

지금까지 겪어보지 못했던 변화가 다가오는 중입니다.

트럼프 2기가 불러온 약육강식의 세계 질서, AI 중심의 초과학기술 신문명 시대 앞에서, 우리 안의 이념, 진영, 네 편, 내 편 이런 것들은 매우 사소한 일들 아니겠습니까?.

어떤 사상과 이념도 이 시대의 변화를 막을 수는 없습니다.

어떤 사상과 이념도 국민의 삶과 국가의 운명 앞에서는 무의미한 것들 아니겠습니까?

현실에 단단하게 뿌리박은, 국익과 민생 중심의 실용주의만이 유일한 우리의 나침반이 되어야 한다. 동의하십니까?

영남이 앞장선 대한민국 헌신으로, 우리 대한민국은 눈부신 성장과 발전을 이뤄왔습니다.

앞선 나라의 정답을 빠르게 모방하고 죽을 힘을 다해 '한강의 기적'을 이뤄냈습니다.

그러나 다른 것을 베끼는 '모방의 기술'은 이제 급변하는 초과학기술 시대에 더 통하지 않습니다.

한걸음 늦으면 도태할 위험에 빠진 고심해야 되는 추격자 신세이긴 하지만 우리가 반걸음만 조금만 앞서 갈 수 있다면 무한한 기회를 누리는 선도자가 될 수 있습니다.

먹사니즘의 물질 토대 위에 행복한 삶을 위한 잘사니즘으로, 세계를 주도하는 '진짜 대한민국'으로 도약해봅시다, 여러분.

존경하는 우리 김동연 후보님이 말씀하시는 '국민 개개인의 권리와 존엄이 존중받는' '모두의 나라, 내 삶의 선진국' 한 번 함께 만들어 봅시다, 여러분.

산업화와 민주화를 동시에 만들어 낸 대한민국, 그리고 영남이 앞장서면 우리가 세계 표준이 되는 진짜 대한민국이 불가능하지 않습니다.

민주당에는 이미 승리의 길라잡이, 변화 발전의 설계도가 있습니다.

노무현·문재인 두 대통령의 꿈인 균형발전을 토대로 김경수 후보님이 말씀하시는 부울경 메가시티 비전을 반드시 실천하겠습니다, 여러분.

동남권 발전의 발판이 될 북극항로도 면밀하게 준비하겠습니다.

부울경에 모인 화물이 북극항로를 통해서 전 세계로 퍼져나가는 장면을 상상해 보십시오.

배후단지에 글로벌 경쟁력을 갖춘 조선 해운 물류기업들이 자리한다면, 동남권의 경제부흥도 현실이 될 것입니다.

북극항로 시대 준비를 위해서 해수부의 부산 이전, 확실하게 시행하겠습니다.

부산을 명실상부한 '해양도시'로 일으켜 세우고, 북극항로가 열어젖힐 새로운 '대항해시대'의 중심에 부··울·경이 위치하게 될 것입니다.

산업화의 신화, 대구·경북에는 제조업과 첨단산업의 잠재력이 무궁무진합니다.

이차산업 벨트와 미래형 자동차 부품 클러스터를 확실히 조성하고 바이오산업을 미래 성장동력으로 키우겠습니다.

대구·경북이 미래산업의 중심지로 거듭나면, 대한민국 산업화의 요람이라는 옛 명성도 다시 살아날 것입니다.

국가적 위기의 거대 에너지를 'K-이니셔티브'라는 새 시대의 디딤돌로 바꿔야 합니다.

존경하는 국민 여러분, 사랑하는 동지 여러분, 이 혼란과 좌절을 넘어서 회복과 성장을 이뤄낼 대통령 후보, 누구겠습니까?

대한민국 재도약을 실현할 준비된 대통령, 누구입니까?

당원 동지 여러분, 작지만 큰 한민족 '대한', 평범한 백성의 나라 '민국', '대한민국'이라는 국호 그대로 이 땅 위에 살아가는 모든 사람이 공평하게 주인으로 대접받는 나라, 평범한 사람들이 주인으로 대접 받고 희망을 가지고 함께 살아갈 수 있는 나라.

공평하고 정의로운 대한민국 이제 진짜 대한민국을 시작해야 하지 않겠습니까?

경제를 살리고 평화를 회복하고 민생을 다시 일으켜 세워야 합니다.

그래서, 그러므로, 지금은 이재명입니다!

2025년 4월 20일

5. 강원·제주

강원특별자치도가 미래산업을 선도하며, 글로벌 관광도시로 도약합니다!

분단 이후 75년, 하지만 150만 강원도민들에게 남북 대치로 인한 상처와 피해는 여전히 현재 진행형입니다.

대한민국 안보를 위한 각종 규제로 강원도는 오랫동안 발전에서 소외됐습니다.

나라 전체의 산업구조 또한 시간의 흐름에 따라 변해 가니 이중의 어려움을 겪었던 셈입니다.

돌아가신 제 아버지도 광산 노동자셨습니다.

강원도의 수많은 광산에서 노고를 마다않던 노동자 덕분에 과거 석탄산업은 우리 국가 경제의 1등 공신 역할을 해낼 수 있었습니다.

그러나 시간이 흘러 산업구조가 변화하며 광산은 하나둘 문을 닫았고 강원도의 지역경제는 급속도로 쇠락했습니다.

강원도는 국가 공동체를 위해 특별한 희생을 해왔습니다.

이제 국가가 그 희생에 응당한 특별한 보상을 해야 합니다.

달라진 시대, 강원특별자치도를 미래산업과 글로벌 관광의 중심지로 거듭나게 하겠습니다.

첫째, 미래산업 경쟁력을 키우겠습니다.

강원도 동해를 북방교역을 이끄는 환동해 경제권의 전략 거점으로 육성하겠습니다.

부유식 해상풍력과 수소에너지 산업을 육성해서 에너지 전환의 중심으로 만들겠습니다.

춘천, 원주, 강릉을 미래산업 선도 도시로 키우겠습니다.

AI·디지털 기반의 첨단의료복합 산업과 소부장 산업을 집중 육성하고, 반도체 인재를 양성하겠습니다.

횡성, 원주, 영월의 미래 모빌리티 경쟁력을 강화하겠습니다.

미래차 핵심부품 산업을 적극 지원하겠습니다.

철원, 화천, 양구, 인제, 고성 등 접경지역은 평화경제특구로 조성하겠습니다.

태백, 삼척, 영월, 정선 등 폐광지역에는 청정에너지, 의료, 관광의 신성장 기반을 마련하겠습니다.

둘째, 세계가 찾는 K-문화관광 벨트를 구축하겠습니다.

천혜의 자연환경을 가진 강원도는 대한민국 평화의 상징이기도 합니다.

세계인이 찾는 글로벌 관광의 중심지로서 강원도의 잠재력은 무궁무진합니다.

평창과 강릉의 올림픽 유산을 활용해, K-문화와 스포츠, 자연이 융합된 글로벌 복합 휴양지를 조성하겠습니다.

설악과 동해안은 복합 해양레저 관광지로, 정선, 영월, 태백은 고원의 자연과 전통이 어우러진 힐링 명소로 만들겠습니다.

이미 세계가 주목하고 있는, 동해안과 그 접경지가 품고 있는 DMZ 생태자원과 역사·문화적 자산을 평화관광 특구로 만들겠습니다.

관광 인프라와 교통망을 확충하고, 지역별 특화 콘텐츠 개발을 적극 지원하겠습니다.

세계가 찾는 강원, K-문화관광 벨트를 구축하겠습니다.

셋째, 함께 살아가는 안전한 강원을 만들겠습니다.

춘천, 원주, 평창 등 내륙과 동해안에 미니 신도시형 은퇴자 정주 단지를 만들겠습니다.

주거, 의료, 문화, 일자리를 갖춘 복합 커뮤니티를 조성해 인구 유입과 지역 활력을 도모하겠습니다.

강원도형 통합 재난대응 시스템을 선진화해서 강원도의 안전을 전국 최고 수준으로 높이겠습니다.

영서 북부(춘천)와 영동권(강릉)에 닥터헬기를 추가 도입하겠습니다.

산간지역 응급이송 체계를 촘촘히 구축해 국민 생명의 골든타임을 확보하겠습니다.

소방헬기도 대폭 확충하겠습니다.

대한민국의 산불과 재난 대응력을 세계 최고 수준으로 높여 강원이 그 모범이 되게 하겠습니다.

넷째, 강원특별자치도의 권한과 자율성을 대폭 확대하겠습니다.

현재 국회에 제출된 '강원특별법 3차 개정안'을 조속히 마무리하겠습니다.

교육, 산업, 국토계획, 환경 등 핵심 분야의 실질적 권한을 이양해, 강원이 직접 기획하고 집행하는 강원형 자치모델을 발전시키겠습니다.

주민과 기업이 규제 혁신을 체감하고 강원이 주도해 산업과 인재를 육성하는 진정한 자치 분권 시대를 강원도에서 실현하겠습니다.

다섯째, 사통팔달 강원을 수도권과 연결하겠습니다.

단절의 강원이 아니라 연결의 강원으로 만들겠습니다.

강원과 수도권을 연결하는 철도망을 단계적으로 구축하겠습니다.

동서고속화철도(춘천~화천~양구~인제~백담~속초)와 동해북부선(

강릉~주문진~양양~속초~간성~제진)을 적시에 완공하겠습니다.

GTX-B(마석[~가평~춘천]) 노선은 춘천 연장을 적극 지원하고, GTX-D(김포/인천~팔당/원주)는 원주까지 연결되도록 추진하겠습니다.

원주에서 철원으로 이어지는 강원내륙선(원주~횡성~홍천~춘천~철원) 철도와 홍천~용문 철도 건설도 적극 추진하겠습니다.

강원도 양구부터 경북 영천까지 이어지는 남북 9축의 강원내륙고속도로와 동서평화고속화도로 건설도 적극 추진하겠습니다.

강원으로 쉽고 빠르게 연결 되고, 도내를 이동하는 교통 여건을 획기적으로 개선하겠습니다.

교통 정체 해소를 위한 시설 개선도 적극 추진하겠습니다.

존경하는 강원도민 여러분, 국가와 공동체를 위한 강원도의 특별한 희생!

반드시 특별한 보상으로 보답하겠습니다.

이제 새로운 강원도는 석탄산업에서 미래산업의 중심, 글로벌 관광도시로 거듭날 것입니다.

대한민국 현대사의 상징, 회복과 성장의 주역, 진짜 특별한 강원으로 함께 도약합시다.

이제부터 진짜 대한민국, 지금은 이재명입니다.

2025년 4월 23일

탄소중립 K-이니셔티브, 제주에서 시작합니다

제주는 대한민국의 역사, 문화적 정체성, 대안적 삶에서 다층적 중요성을 지닌 매우 특별한 곳입니다.

특별함을 간직한 제주에 이제 세계를 주도할 새로운 힘을 더해야 합니다.

대한민국 대표 관광지이자 휴식과 힐링의 공간인 제주가 관광 경기 침체로 성장동력까지 흔들리고 있습니다.

제주를 탄소중립 선도 도시이자, 농업과 관광, 생명과 돌봄이 어우러진 세계적 관광지로 육성하겠습니다.

제주를 2035년까지 탄소중립 선도 도시로 만들겠습니다.

해상풍력과 태양광으로 청정 전력망을 구축하겠습니다.

그린수소와 에너지 저장 기술개발로 안정적인 에너지 공급 체계를 완성하고, 전기차와 충전 인프라를 확충해 친환경 모빌리티 100% 전환을 앞당기겠습니다.

제주를 분산 에너지 특구로 지정하고 실시간 요금제, 양방향 충전을 비롯해 에너지 신기술의 실험 기지로 만들겠습니다.

자가용 태양광과 히트펌프를 연결해 탄소 제로 주택 시대를 열겠습니다.

햇빛연금, 바람연금 등 주민소득형 재생에너지 사업을 육성하고, 도민 참여 기회를 대폭 확대하겠습니다.

제주를 탈 플라스틱 중심지, 재활용률 100%의 자원순환 혁신 중심지로 만들어 세계의 모범으로 삼겠습니다.

일과 쉼이 공존하는 세계적 관광 도시로 육성하겠습니다.

디지털 인프라 확충을 적극 지원하겠습니다.

여행자와 비즈니스 출장자들이 어디서든 언제나 휴식과 일을 병행할 수 있게 편리함과 효율성을 두루 갖춘 공유 오피스와 숙소를 늘리겠습니다.

한달살이뿐 아니라, 더 길게 머물면서도 일과 여가를 병행할 수 있는 제주를 만들겠습니다.

'제주에 간다'는 말이 '힐링하러 간다', '꿈꾸러 간다'가 되도록 제주의 가치를 높이겠습니다.

읍면동에 따라 각기 다른 고유의 체험과 예술, 음식 문화를 살려 지역 맞춤형 관광거점이 되도록 적극 지원하겠습니다.

AR(증강현실)과 VR(가상현실)에 기반한 스마트해설 시스템 확대 등, 보다 다양한 체험이 가능한 새로운 관광 인프라를 구축하겠습니다.

국제 기준에 맞는 스포츠 전지훈련센터와 다목적 체육 인프라 구축을 지원하겠습니다.

축구, 야구, 육상 등 종목별 글로벌 전지훈련지와 재활의학 센터, 스포츠 클리닉까지, 훈련과 회복을 아우르는 복합단지 조성에 박차를 가하겠습니다.

요트·카약·서핑 등 해양레저 체험시설을 늘리고, 국제 요트대회 등, 해양스포츠 대회를 유치할 수 있도록 적극 지원하겠습니다.

관광과 레저가 융합된 마이스MICE 산업기반을 확충해 글로벌 컨벤션 유치를 활성화하겠습니다.

건강과 미래 산업이 함께 숨 쉬는 생명산업 거점으로 키우겠습니다.

제주 농업을 미래 산업으로 전환 시키겠습니다.

디지털 농업 플랫폼과 스마트팜 인프라를 확충하고, 농산물 스마트

가공센터 구축을 적극 지원하겠습니다.

자원순환형 축산과 유기농 농업을 지원하겠습니다.

디지털 물류 플랫폼과 스마트 공동 물류 인프라를 구축으로 농·축·수산물과 생필품 가격에 거품이 없도록 하겠습니다.

해상운송비 부담 완화도 함께 추진하겠습니다.

제주대학교병원을 상급종합병원으로 육성해, 제주에서도 최고 수준의 의료서비스를 누릴 수 있게 하겠습니다.

제주가 보유한 천연 바이오 자원을 발굴하여, 데이터베이스를 구축하겠습니다.

이를 기반으로 신약 연구개발센터와 산업 인프라를 조성해 '제주만이 가질 수 있는 바이오산업' 기반을 다지겠습니다.

공공의료, 바이오산업, 관광과 치유가 융합된 '제주형 바이오 헬스 클러스터'를 완성하겠습니다.

세계기록유산으로 등재된 제주 4.3의 정신을 기리기 위해 '제주 4·3 아카이브 기록관' 건립도 추진하겠습니다.

평화와 치유의 섬, 자연과 생명의 가치를 품은 제주가 더 성장하고 더 넓어져 세계를 주도할, 또 하나의 중심지로 거듭날 것입니다.

'탄소중립 K-이니셔티브 제주'와 함께, 이제부터 진짜 대한민국, 지금은 이재명입니다.

2025년 4월 23일

제21대 대통령선거 후보자 선출을 위한
서울·경기·인천·강원·제주 합동연설 (발췌)

77년 전, 아름다운 바람의 섬 제주에서 제주도민 10분의 1이 희생되는 참혹한 비극이 있었습니다.

4.3의 비극은 아직 끝나지 않았습니다. 많은 제주도민들이 같은 날 제사를 지내고 국가폭력 피해자들의 고통은 아직도 계속중입니다.

이미 지난 과거의 일이다 말하기도 하지만, 불과 몇 달 전, 12.3 불법 계엄으로 4.3 비극이 다시 되풀이될 뻔 했지 않습니까.

국민의 생명과 안전을 책임진 국가가 국민이 맡긴 권력으로 국민에게 총칼을 겨누는 일은 결코 용서할 수 없는 중범죄입니다.

국가폭력범죄자는 그가 살아있는 한 언제든지 처벌받도록 형사 공소시효를 없애고, 상속재산 범위 내라면 그 후손들까지 책임지게 손해배상 민사시효까지 없애야 됩니다.

늦더라도 진상을 반드시 규명하고, 상응하는 책임을 반드시 물어서 누구라도 국가폭력 범죄는 꿈도 꿀 수 없게 해야 하지 않겠습니까?

12.3 군사쿠데타로 대한민국은 다시 끔찍한 군정 독재국가로 전락할 뻔했습니다.

그러나 일 억 개의 눈과 귀, 5천만의 입을 가진 집단지성체인 우리 국민들은 내란 세력의 총칼에 맞서서 대한민국의 민주공화정을 지켜내고 있습니다.

이 나라의 주권자들이 수많은 밝은 빛으로 전국 곳곳을 가득 채워서 불의한 어둠의 권력을 마침내 권좌에서 끌어내렸습니다.

위대한 국민들이 세계 역사에 없는 무혈의 아름다운 평화혁명을 수행 중입니다.

대한민국과 이 땅의 민주주의는 제주의 4.3 희생자들에게, 광주 5.18 영령들에게, 그리고 오늘의 국민들에게 갚기 어려운 큰 빚을 졌습니다.

하루빨리 내란을 종식하고 민생경제를 되살리는 일이 바로 위대한 국민들께 보답하는 길이라고 믿습니다.

먹고 사는 일이 중요합니다. 국민이 행복하게 잘 사는 것은 더 중요합니다. 경제가 살아야 민생이 살고 사람도 살지 않겠습니까.

분단국가인 대한민국 경제는 안보와 평화에 좌우됩니다.

평화가 경제입니다.

강대강 대치에 의한 남북간 대결 격화는 코리아 디스카운트만 가중시킬 뿐입니다.

안심하고 투자할 수 있는 한반도를, 전쟁의 위협이 사라진 평화로운 한반도를 만들면 주가지수 5,000포인트 결코 꿈이 아니라고 생각하는데 동의하십니까, 여러분?

평화가 경제 발전으로 이어지고 경제협력이 평화를 더 공고하게 하는 선순환이 꼭 필요합니다.

정치인 이재명을 키워준 경기도, 국가안보를 위해 특별한 희생을 치르고 있는 강원도, 모두 전쟁 위협과 접경지 규제로 오래 고통 받았지만, 이제 남북 평화경제의 중심지로 만들어가야 합니다.

특별한 희생을 감내해 온 경기 북부와 강원도민께는 그 특별한 희생에 상응하는 특별한 보상을 반드시 하겠습니다, 여러분.

그게 진정한 공정이자 정의 아니겠습니까?

2025년 4월 27일

어록

(지역화폐가 다양한 손실과 비용을 초래하면서 역효과를 낸다고 분석한 조세재정연구원에 대해) 근거없이 정부정책 때리는 얼빠진 국책연구기관

-2020.9.15. 페이스북에서

이미 소득지원과 지역경제 활성화라는 이중지원 효과가 증명된 지역화폐를 통해 신속히 내수를 회복하고 지역경제와 골목경제를 살려야 합니다. 지역화폐예산을 증액하고 중장기적으로 지역화폐 발행과 지원 사항을 의무화하여 계속사업으로 진행하도록 하겠습니다.

-2023.11.2. 국회 민생경제 기자회견에서

지역화폐형 기본소득은 양극화 완화로 소득공정성을 확보하고, 소비확대로 지속성장을 가능하게 하는 복합정책이고 미래사회에 반드시 필요한 정책

-2021.7.4. 페이스북에서

지금 현재 상태로 재정에 대한 대책 없이 분도를 즉시 시행하면 여러분은 '강원서도'로 전락할 가능성이 매우 높습니다.

-2024.3.23. 의정부 유세 현장에서

전두환의 불법계엄으로 계엄군 총칼에 수천 명이 죽고 다친 광주로 찾아가 불법계엄 옹호시위를 벌이는 그들이 과연 사람입니까? 억울하게 죽임당한 피해자 상갓집에서 살인자를 옹호하며 행패부리는 악마와 다를 게 무엇입니까? 더구나 그 일부가 주님 사랑을 말하는 교회의 이름으로, 장로와 집사의 직분을 내걸고 전국에서 모였다는 점은 충격입니다.

-2025.2.16. 페이스북에서